历代诗词分类鉴赏之六

图文本

相思·爱情

西北有高楼

xibei yougaolou

周啸天 等 编著

凤凰出版传媒集团 凤凰出版社

图书在版编目(CIP)数据

西北有高楼:相思·爱情/周啸天等编著. —南京:凤凰出版社,2009.9

(历代诗词分类鉴赏)

ISBN 978-7-80729-397-2

Ⅰ.西… Ⅱ.周… Ⅲ.古典诗歌—鉴赏—中国 Ⅳ.I207.2

中国版本图书馆 CIP 数据核字(2009)第 158104 号

书　　名	西北有高楼——相思·爱情
编　　著	周啸天等
责任编辑	李相东
美术编辑	姜　嵩
出版发行	凤凰出版传媒集团 凤凰出版社(原江苏古籍出版社) 南京市中央路 165 号　邮编 210009 发行部电话 025—83223462
集团网址	凤凰出版传媒网　http://www.ppm.cn
照　　排	南京紫藤制版印务中心
印　　刷	南京通达彩印有限公司 南京市六合区冶山镇　邮编:211523
开　　本	718×1005 毫米　1/16
印　　张	11.5
字　　数	207 千字
版　　次	2009 年 9 月第 1 版　2009 年 9 月第 1 次印刷
标准书号	ISBN 978-7-80729-397-2
定　　价	22.00 元

(本书凡印装错误可向承印厂调换,电话:025—57572508)

卷首语

问世间情为何物，直教人生死相许！

谁为爱情发动一场战争？谁为爱情置江山于不顾？谁为爱情看破红尘？谁为爱情守身如玉？天涯海角觅知音，碣石潇湘无限路。梁山伯，祝英台，罗密欧，朱丽叶——两情若是久长时，又岂在朝朝暮暮！

爱是生命的内驱力，是源于本能的冲动与渴求；爱是两颗心灵碰撞而爆发的耀眼的火光，是宇宙间永远飘扬的一面旗帜。

爱使性本能得到升华，上升到似乎与性无关的目标。爱能移人性情，创造生命的奇迹，提升生命的境界，使人类得以延续。

爱让男人更有力量，让女子更加美丽。侠骨怀柔情，懦夫有立志。诗人从情诗起步——他的第一件作品是单恋或倾慕。

啊，假如春天没有花，人生没有爱，到底成了个什么世界？

撰稿人：

周啸天　张应中

（以下按姓氏笔画排名）

丁　颖　丁稚鸿　王　飞　王　涛　张应中　李坤栋

李亮伟　陈　坦　罗　玲　易可情　唐　彦　殷志佳

秦岭梅　郭扬波　梅　红　董志刚　管遗瑞　滕伟明

目录

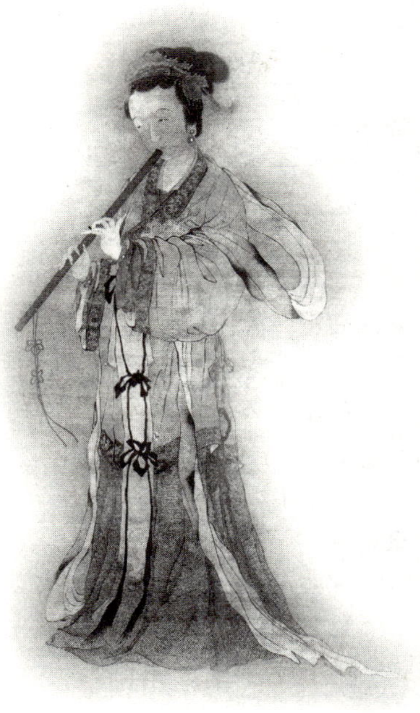

周南·关雎

◎《诗经》

关关雎(jū)鸠，在河之洲。窈(yǎo)窕(tiǎo)淑女，君子好逑。

参差荇菜，左右流之。窈窕淑女，寤寐求之。

求之不得，寤寐思服。悠哉悠哉，辗转反侧。

参差荇菜，左右采之。窈窕淑女，琴瑟友之。

参差荇菜，左右芼之。窈窕淑女，钟鼓乐之。

《诗经》，我国最早的诗歌总集，本称《诗》，汉时独尊儒术，始称《诗经》。共收西周初年至春秋中叶的民歌和朝庙乐章歌辞305篇，另有笙诗6篇有目无诗。全书按音乐分风、雅、颂三类（一说分风、小雅、大雅、颂四体）。汉代传《诗》者有齐、鲁、韩、毛四家，今传《诗经》为《毛诗》。

将文学的终极原因归结到性恋的说法看似偏颇，其实信而可征。“风诗者，固闾阎风土男女情思之作也”(司马迁)。在民歌中，情歌据有优势地位，所谓“无郎无姊不成歌”。理由很简单，民歌多属劳动者之歌，什么歌能提高劳动兴趣就唱什么，什么歌能提高劳动效率就唱什么，还有什么比情歌更能提高劳动兴趣、劳动效率，又更能消除疲劳的呢。

排在《诗经》第一篇的《周南·关雎》是情歌；具体地说，是恋歌；更具体地说，是写男子的单相思。孔子说：“诗三百，一言以蔽之曰：‘思无邪。’”(《论语·为政》)这话有点费解。我宁可这样认为：因为单相思是普遍存在的情感，显然也是正常的情感，从这个意义上说，就是“思无邪”了。何必一定要牵扯什么“后妃之德”(《毛诗序》)呢?

“窈窕淑女，君子好逑”是诗中主题句，《毛诗序》谓“乐得淑女，以配君子”。鲁迅调侃地释为“漂亮的好小姐呀，是少爷的好一对儿”(《且介亭杂文·门外文谈》)，陈子展说“当视为才子佳人风怀作品之权舆”(《诗经直解》)，都不错，但讲得

太城市化了，不类风土之音。不如用高居当代情歌排行榜首的《康定情歌》中的两句来诠释，更为神似："李家溜溜的大姐，人材溜溜的好哟；张家溜溜的大哥，看上溜溜的她哟。"

"上河里鸭子下河里鹅，一对对毛眼眼望哥哥"，《信天游》以水禽起兴的手法由来自远，可追溯到《关雎》。河边洲岛上，水鸟儿作双成对，雄雌和鸣，引起诗人的感兴，如果按"关雎"即鱼鹰的说法（毛奇龄），则此二句还有以水鸟捕鱼隐射男子求爱之义。诗中男子以"君子"自谓，而"琴瑟"、"钟鼓"之乐都非平民之乐（《墨子》），可以推测抒情主人公为一贵族青年。《诗经》的好几首诗中，思慕的男女往往被河水隔断。何新认为，这与源于性禁忌的古代学宫制度有关，男子到达八岁就得离开父母膝下，就读于学宫，这种学宫又叫辟雍（即避宫）和明堂，一律建在城郊，有水三面或四面环绕，使之与外界隔绝，故又称泮宫（泮水园即校园），直到成丁举行"冠礼"。所以诗中的河水既是一种象征（爱情遇到的间阻），又是一种纪实（参《诸神的起源·第九章》）。如其说法成立，莫非《关雎》写的是古代校园中大学生之烦恼?

"窈窕淑女"的身份，余冠英据"参差荇菜"在诗中三复斯言，认为当是"河边一位采荇菜的姑娘"，不无道理。姑娘采荇的美妙姿态，摄印入那青年的脑海中，是难以磨灭了。而"左右流之"、"左右采之"、"左右芼之"，不仅可使人想见伊人倩影，而且也似乎有以勉力求取荇菜，隐喻对其人的执著相思之义。写采荇菜，而意在采荇的人。诗中写男子的单恋十分坦率，醒也想、梦也想。"寤寐求之"紧接"求之不得"云云，用顶真格，已有"忧从中来，不可断绝"之感，而"悠哉悠哉，辗转反侧"，更通过失眠，将相思之苦推进一层。钱钟书说："《太平乐府》卷一乔梦符《蟾宫曲·寄远》'饭不沾匙，睡如翻饼'，下句足以笺'辗转反侧'也。"（《管锥编》一）

与每一种满足都会降低其崇拜相反，爱的渴求却能导致爱的升华。诗中陷入情网不能自拔的那位青年，于是做起了美妙的"白日梦"，在想象中和他的爱人美满结合，又是"琴瑟友之"，又是"钟鼓乐之"。这诚然是一场虚构的热闹，一座美丽的空中楼阁，但那青年在一刹间满足了，读者不禁为之陶然。这升华的境界，便远离了性的目标，成为热诚、挚爱、欢乐、和谐的"结合"（或以为诗的最后一章，实写得之为欢，本文不取此说）。有一种概括，认为中国写情文学中色性的成分居多，揆之《诗经》包括《关雎》在内的大量情诗，似不尽然。

《关雎》"乐而不淫"有其历史原因。大量史料告诉我们，《诗经》时代婚俗正处在一个重要的过渡阶段，其时封建礼教为基础的专偶婚制尚未稳固形成，而人们还享有较多性爱的原始自由。正是在这种情况下，方才产生了如同《关雎》那样的热烈奔放的情歌。这里毫无顾忌的爱情直白，已凝聚成一种原始的美。而为儒学礼教统治下的汉儒、宋儒们感到十分困惑，百思而不得其解。“《关雎》，后妃之德也，《风》之始也，所以风天下而正夫妇也”，这话同样出之《毛诗序》，便很费解，定非诗之本旨。

《关雎》章法在诗经中别具一格。诗经本多叠咏体，但常见的是三章叠咏、两章联咏，像《关雎》这样第二章和第四、五章跳格叠咏，是仅见的。日本青木正儿曾怀疑是误合两诗而成（详《支那文学艺术考》），但“窈窕淑女”通贯全诗，“寤寐求之”与“求之不得”顶针衔结，妙合无垠，而诗经中叠咏体间有首章或他章不叠的现象屡见，故错简之说很难成立。二、四、五章的叠咏除却描写荇菜的兴语不论，“看他窈窕淑女，三章说四遍”（钟惺《评点诗经》），这活脱脱是热恋中男子对不知名的爱人的反复叨念，神似《董西厢》妙语所说：“锦笺本传自吟诗，张张写遍莺莺字。”

“作诗必此诗，定知非诗人”（苏轼），若下一转语，便有“说诗必此诗，定知非解人”。懂得这番道理，来看《关雎》诗中的单相思，又不仅是单恋。诗人于爱的对象“寤寐求之”式的执著追求，及其在现实中“求之不得”，便于理想中“友之”“乐之”的实现方式，均构成一种境界，一种超越本文的象征意蕴，从而能够兴发读者引譬连类的联想。我们不由会联想到风诗中的其他作品如《汉广》、《蒹葭》，联想到《离骚》，其中所写的“汉有游女，不可求思”的苦恼，“所谓伊人，在水一方”的迷惘，及“路曼曼其修远兮，吾将上下而求索”的执著劲头；不由会联想到古代神话对世界的浪漫征服和把握的方式；甚而联想到人类在漫长的历史中，不安现状，通过心灵与思辩追求美与自由、自我实现、自我完善的历程。诗情一旦与哲理结合，便给世代读者以回味无穷的审美愉快。这，或许就是包括《关雎》在内的风诗名篇的艺术奥秘之所在。

全诗语译如下：

雎鸠儿关关地唱，在河心小小岛上。好姑娘美丽漂亮，应是君子好对象。

荇菜儿参差不齐，采荇菜左右东西。好姑娘美丽漂亮，睡里醒里都追求。

追求她而得不到，睡着醒着不停想。一整夜老长老长，尽翻身挨到天亮。

荇菜儿参差不齐，采荇菜左右东西。好姑娘美丽漂亮，弹琴鼓瑟表爱意。

荇菜儿参差不齐，采荇菜左右东西。好姑娘美丽漂亮，敲钟鼓讨她欢喜。

邶风·静女

◎《诗经》

静女其姝，俟我于城隅。爱而不见，搔首踟蹰。
静女其娈，贻我彤管。彤管有炜，悦怿女美。
自牧归荑(tí)，洵美且异。非汝之为美，美人之贻。

这是一首写幽会定情的诗。如果说《关雎》中写的是单相思，那么这里写的便是实实在在的恋爱中情景，通篇亦由男子口吻道出。“静女”，据毛传及余冠英译文，均谓文静的姑娘。然据马瑞辰《毛诗传笺通释》，“亦当读靖，谓善女，犹云淑女，硕女也”。则“静女”犹言靓女，乃是男子对心上人的爱称。从后文“自牧归荑”一句又可悟到，这位靓女乃是一位牧羊姑娘。

诗中的“静女其姝”、“静女其娈”，同义反复，都是男方对女方由衷的赞美。“其”字作形容词头，有加重形容的意味，是叠字的一种变式，在诗经中运用很普遍。这男子感到很幸福，因为那位靓女约他在僻静的城角楼上相会。这场约会写得有意思，很具生活情趣。男方如期到达约会地点，却不见人影儿，这恰如一首叫《敖包相会》的民歌所唱：“十五的月亮升上了天空，为什么旁边不见云彩？”是不是女方失约呢？否，“暧而不见”，她在躲着呢。弄得“阿哥”一阵好找，然后感到意外的惊喜。这一层诗人未显言，但无字处皆具意也。看来这位靓女还有几分调皮呢。

靓女约阿哥相会，当有心意表白。但作为一位姑娘，话儿怎么好讲？她只是赠给对方一支红色的通心草。旧训“彤管”为针筒、笛子或笔杆儿，总不符合牧女的身份，与后文“归荑”之说亦缺乏照应。其实，这“彤管”即下文的“荑”，乃红色通心的嫩茅草。伴随赠草的动作，想必她还问了一声：“这支草儿可美？”这才自然地引起一番答话或议论。“彤管”是新从牧场采来的，鲜嫩润泽。“有炜”犹言“炜炜”（有字加单音形容词是叠字的变式）。“悦怿女美”的答语妙在双关，既是悦怿“彤管有炜”之美，又是悦怡“静女其娈”之美。还需要表白什么呢，男有心女有意，早已是“心有灵犀一点通”了。

以下便写约会后男子幸福的回味。拿着那支不同寻常的嫩茅草，男子爱不忍释，重申其“洵美”即确美。不但美，而且“异”——美得怪，何以言之？原来这茅草本是郊原上最平常最低贱的植物，人们从未把它和“美”联在一起。然而一经姑娘手赠，居然美。常言道“情人眼里出西施”，又道是“爱屋及乌”，这里是兼而有之了。这种恋爱中人的心理，在诗中表现得很真切。

全诗最警策的还在最后两句，诗人通过那男子对这种新鲜感受的反复玩味，道出了一个富于哲理意味的结论：“非汝之为美，美人之贻。”美在物，亦在人；美在形式，亦在内容；美在客观，亦在主观。于是朴素的诗句启发读者超越诗的本文，进而领悟到美之本质，美之奥义。诗中对茅草以人称相呼，“卉木无知，却胞与而尔汝之，若可酬答，此诗人之至情洋溢，推己及他。我而多情，则视物可以如人”（钱钟书《管锥编》）。这种“尔汝群物”的移情手法，后世诗词多有运用，而此诗已肇其端。

全诗语译如下：

幽雅姑娘真美丽，等我赴约在城角。躲在暗处不露面，任我搔首又徘徊。

幽雅姑娘模样俏，赠我红色通心草。通心草儿多光鲜，我爱你呀颜色好。

草儿本从牧地采，居然美艳而奇怪。不是认为你美丽，因是美人的赠物。

鄘风·桑中

◎《诗经》

爰采唐矣？沬(mèi)之乡矣。云谁之思？美孟姜矣。期我乎桑中，要我乎上宫，送我乎淇之上矣。

爰采麦矣？沬之北矣。云谁之思？美孟弋矣。期我乎桑中，要我乎上宫，送我乎淇之上矣。

爰采葑矣？沬之东矣。云谁之思？美孟庸矣。期我乎桑中，要我乎上宫，送我乎淇之上矣。

这是一首歌唱幽期密约的诗。有人根据诗中“采葑”、“采麦”之说，认为抒情主人公是普通劳动者；也有人根据“姜”、“弋”、“庸”为贵族姓氏，认为诗中人乃贵族男女。然而男女之间，爱欲存焉，抒情主人公的身份对这一首诗，无关宏旨，而其情辞音节之美，在三百篇中不可多得，特别值得注意。

诗三章的前四句都是用自问自答的方式唱出来的，又都是以采集植物起兴的(采唐、采麦、采葑)。以渔鱼隐射性爱，以饮食隐射性爱，在《诗经》中屡见不鲜。从采集植物兴起求爱、相思，是另一种自然的联想，这在《关雎》、《卷耳》中便有表现；至于后世乐府中的“郎见欲采我，我心欲怀莲”、现代民歌的“我有心摘一朵戴，又怕栽花人将我骂”，都可遥相印证。诗一起就兴致勃勃，而又别有用心。“云谁之思？美孟姜矣”，反复问答，最有歌味，能尽抑扬顿挫之致，比直接地宣布要动人得多。“孟姜”犹言姜家大姐，与“孟弋”、“孟庸”皆同是美人的同义语，又是爱人的代称。朱自清说：“我以为这三个女子的名字，确实只是为了押韵的关系。那三个名字，或者只有一个是真的，或者全不是真的——他用了三个理想的大家小姐的名字，许只是代表他心目中的一个女子。”(《中国歌谣》)而在媵妾制的时代，长姊地位特殊；而大家闺秀，别具风姿。故诗中称谓饱含着诗人的柔情蜜意。

诗章的后三句用了一种回忆、遐想的语调，一口气唱出了心爱的姑娘“期我”、“要(邀)我”及“送我”的整个约会过程，极有层次。恋爱靠谈，谈恋爱的最好方式就是相送，这在诗经时代人们就懂得了。桑中之期，上宫相邀，诗中点到为止，至于其间唯有天知的情事，一概略去，以下便说到淇水相送。比起后人戏文中的“软玉温香抱满怀”之类不知有几多空灵。孙作云以为桑中即卫地的桑林之社（桑为社树），上宫即社庙。当时的庙会，即男女青年约会场所。其说最为通达。诗人把桑中相期之苦情，上宫相会之乐事，淇水远送的缠绵，一古脑儿留给读者自行玩味，尤有悠悠不尽的韵味。

《毛诗序》主美刺说诗，连这样一首情歌，也说是“刺奔也”。清人崔述驳斥道：“（此诗）但有叹美之意，绝无规戒之言。若如是而可以为刺，则曹植之《洛神赋》、李商隐之《无题诗》、韩偓之《香奁集》，莫非刺淫者矣。”（《读风偶识》）

诗的前四句是整齐的四言句，而到末三句却依次作五五七言句，这是典型的逐渐增字永言的做法。诗人本不难运用齐言形式，如末句就可以作“送我乎淇上”，与上二句划一。却偏偏要增衬“之”、“矣”两个语辞，盖兴会所致，“言之不足故嗟叹之，嗟叹之不足故永歌之”（《诗大序》），使此诗从头到尾，洋洋乎愈歌愈妙，真欲令人手舞足蹈了。此外，每章前四句略有易辞之处，而末三句则完全相同，这在今日多段的歌曲中还是习见的形式，相同的后一部分通常称之为“副歌”，往往点题。在演唱时多用合唱，尤为动人。

全诗语译如下：

哪儿采菟丝哟？卫国的沬乡哟。心中想着哪个？美丽的孟姜哟。等候我啊在桑中，和我约会在上宫，直到淇水还相送哟。

哪儿去采麦哟？卫国沬乡北哟。心中想着哪个？美丽的孟弋哟。等候我啊在桑中，和我约会在上宫，直到淇水还相送哟。

哪儿去采葑哟？卫国沬乡东哟。心中想着哪个？美丽的孟庸哟。等候我啊在桑中，和我约会在上宫，直到淇水还相送哟。

秦风·蒹葭

◎《诗经》

蒹葭苍苍,白露为霜。所谓伊人,在水一方。溯洄从之,道阻且长。溯游从之,宛在水中央。

蒹葭凄凄,白露未晞。所谓伊人,在水之湄。溯洄从之,道阻且跻(jī)。溯游从之,宛在水中坻(chí)。

蒹葭采采,白露未已。所谓伊人,在水之涘(sì)。溯洄从之,道阻且右。溯游从之,宛在水中沚(zhǐ)。

《秦风》是最早的西部诗,《秦风》中的篇章一方面激荡着西北边鄙的慷慨悲壮的音情,粗放如《我家住在黄土高坡》;一方面缥缈着男女之间绵长不尽的情思,缠绵如《走西口》。

《蒹葭》一诗即脱尽黄土高原粗犷沉雄气息,将人们带到散发着水乡泽国情调的渺远空灵而又缠绵的境界。诗的开头"只两句写得秋光满纸,抵一篇悲秋赋"(清·牛运震《诗志》),诗人为读者描绘出一幅河上秋色图,淡远的境界中略带凄清的色彩,对诗所表现的执著追求、若即若离的思慕之情,是很好的气氛烘托。

写景之后,出现了抒情主人公在河畔徜徉凝望的身影,这个身影相当朦胧。诗中人望穿秋水,企盼着"所谓伊人"。这个"伊人",在诗中出现,没有性别的规定性;谓其"在水一方",则没有方位的规定性。所以向河的上游走,找不到这个"伊人”；向河的下游走，还找不到这个“伊人”。“宛在”二字，微妙地透露出伊人之所在飘渺如海市蜃楼，望之似有，实渺茫难即。北宋贺铸《青玉案》：“凌波不过横塘路，但目送，芳尘去。锦瑟华年谁与度？月桥花院，琐窗朱户，只有春知处。”写企盼心理，与此正同。

与《国风》中多数情诗内容往往比较具体实在者不同，这首诗的意境特别空灵，没有具体的人物、事件、地理方位。全篇着意渲染一种对于幸福的憧憬和期待，一种飘渺迷人的气氛，一种缠绵而略带感伤的情调，一种执著而不免失落的意绪。它表现的不是具体的人生故事，而是一种期盼的心境。它超越写实，进入了象征领域，故诗意难于指实，连朱熹也说：“秋水方盛之时，所谓彼人者，乃在水之一方，上下求之而皆不可得，然不知其何所指也。”（《诗集传》）

读者固然可以从诗中所描绘的情景唤起相似的爱情体验，也可从诗中所描绘的象征性境界产生更丰富深远的联想，唤起某种更广泛的人生体验。清人牛运震认为此诗乃“《国风》中第一篇飘渺文字，极缠绵，极惝恍，纯是情，不是景；纯是窈远，不是悲壮。感慨情深，在悲秋怀人之外，可思不可言。萧疏旷远，情趣绝佳，《序》以为刺襄公不用周礼，失其义矣”（《诗志》）。姚际恒说：“此自是贤人隐居水滨，而人慕而思见之诗。”（《诗经通论》）近人陆侃如则说：“它的意义究竟是招隐或是怀春，我们不能断定，我们只觉得读了百遍还不厌。”（《中国诗史》）

《蒹葭》各章前二句乃赋景起兴，用秋江冷寂景象烘托失恋者寂寞的情绪，在抒情气氛的创造上有不可忽略的作用。“白露为霜”——“白露未晞”——“白露未已”，在时间上有递进，这是《诗经》中复叠运用的一种很典型的形式，其作用是在反复中深化意境。

琼瑶为电视剧《在水一方》作主题歌，主要从男女之思的角度演绎此诗的诗意。歌词作两章叠咏，句式错综，而不失原诗神韵。姑录如次，以助此诗之赏析：

绿草苍苍，白雾茫茫，有位佳人，在水一方。我愿逆流而上，依偎在她身旁，无奈前有险滩，道路又远又长。我愿顺流而下，找寻她的方向，却见依稀仿佛，她在水的中央。

绿草萋萋，白雾迷离，有位佳人，靠水而居。我愿逆流而上，与她轻言细语，无奈前有险滩，道路曲折无已。我愿顺流而下，找寻她的踪迹，却见依稀仿佛，她在水中伫立。

陈风·月出

◎《诗经》

月出皎兮，佼人僚兮，舒窈纠兮，劳心悄兮。
月出皓兮，佼人懰兮，舒忧受兮，劳心慅兮。
月出照兮，佼人燎兮，舒夭绍兮，劳心惨兮。

在《诗经》中，特别是《国风》和《小雅》中，重章叠咏是普遍运用的一种形式。它是如此的普遍，乃至我们可以说，重章叠咏是《诗经》结构上的一种程式。无论哪种情况的叠咏，均与《诗经》特别是风雅诗中的作品，与音乐配合，可以歌唱这一事实相关。因为古代的歌曲比今天的歌曲要短，要给人以印象，就不能只奏一遍，往往要奏两遍以上，才能给人以深刻的印象。最佳的情况是连奏三遍。多于三遍，则又容易因重复而令人生厌。乐曲演奏几遍，配合乐曲的歌词相应地也就有几段。由于每首歌的意思比较单纯，往往在第一段中就表达清楚了，因此以后几段的歌词，只需在第一段的基础上改变一些字面，略示变化就行了。这就是重章叠咏这一结构程式成立的原因了。《诗经》中的叠咏方式是相当丰富的，读起来有一唱三叹的效果，大有助于抒情。同时，叠咏的形式也随时提醒着读者，这些诗原本是唱来听的，而不是仅仅写来看的。到汉代五言诗产生，诗歌逐渐脱离音乐，变歌诗而为诵诗，叠咏的形式也就消失了。

这首诗写诗人在月下见到的美丽姑娘，而引起的情感波澜。主要的意思在第一章已经说完，后两章几乎是第一章的重复，只是每句夺换一二字面，略寓变化。所换字面与原字面都是同义的或近义的，这种手法叫做叠咏。本诗属于规范化的叠咏，而且是最常见的三章叠咏形式。此诗每章章句即各段歌词大体相同，只在相同部位更换少数几个字，略寓变化而已，例如《陈风·月出》。字面的更换并没有引起诗意的递进，是纯粹的易辞申意。

全诗语译如下：

月儿出来亮晶晶，月下美人多娉婷，姗姗细步苗条影。一夜相思神不宁！

月儿出来白皓皓，月下美人更多娇，姗姗细步仙姿飘。一夜相思梦魂劳！

月儿出来照四方，月下美人明澈样，姗姗细步柔腰荡。一夜相思思断肠！

九歌·湘夫人

（战国）◎ 屈　原

帝子降兮北渚，目眇眇兮愁予。袅袅兮秋风，洞庭波兮木叶下。登白薠（fān）兮骋望，与佳期兮夕张。鸟何萃兮蘋中，罾何为兮木上？沅有茝（zhǐ）兮澧有兰，思公子兮未敢言。荒忽兮远望，观流水兮潺湲。麋何食兮庭中，蛟何为兮水裔？朝驰余马兮江皋，夕济兮西澨（shì）。闻佳人兮召予，将腾驾兮偕逝。

筑室兮水中，葺之兮荷盖。荪壁兮紫坛，播芳椒兮成堂。桂栋兮兰橑（liáo），辛夷楣兮药房。罔薜荔兮为帷，擗蕙櫋（mián）兮既张。白玉兮为镇，疏石兰兮为芳。芷葺（qì）兮荷屋，缭之兮杜衡。合百草兮实庭，建芳馨兮庑门。九嶷缤兮并迎，灵之来兮如云。

捐余袂（mèi）兮江中，遗余褋（dié）兮澧浦。搴汀洲之杜若，将以遗（wèi）兮远者。时不可兮骤得，聊逍遥兮容与。

屈原（前339—前278），名平，战国楚人。怀王时曾任左徒、三闾大夫，主张联齐抗秦。于怀王、顷襄王时两遭佞臣进谗，被放逐汉北、江南。因国事不堪，而自沉汨罗江。他根据楚声楚歌，而创制楚辞，著有《离骚》、《天问》、《九歌》、《九章》等。

《九歌》全部是祭神鬼的歌辞，兼有娱神、娱乐等作用，多立足于神本位，由女巫表演。古代举行祭神仪式时是男女发展爱情的机会，所以祭神的歌辞中亦常叙述男女相爱、男神与女神的相爱。

湘君、湘夫人，旧说为舜之二妃；近人多主为湘水之配偶神，湘君即是舜灵，居九嶷山，湘夫人即舜之二妃，居湘水。《湘君》、《湘夫人》均写期待对方不至，所产生的深切思慕哀怨的心情。两诗所写正是“一种相思，两处闲愁”。

《湘夫人》分四段。首写企盼，“帝子”即湘夫人、“予” 是她喁喁自语的口气。“袅袅兮秋风”二句，融情于景，形容湖上秋景如画，为如杜甫“无边落木萧萧下”一类名句所本，乃千古言秋之祖（胡应麟语）。因为湘夫人是水神，所以描写以“登白薠兮骋望”，与后来曹植写洛神“凌波步弱，罗袜生尘”的轻盈神似，“与佳（人）期兮夕张” 写为接待对方而陈设布置帷帐，与下文“筑室兮水中”一段映带。“鸟何萃兮蘋中”二句，与下段中“麋何食兮庭中”二句，皆属“倒反”修辞。当栖树的鸟儿反在水藻之中，当在水的网儿反挂在树上，野鹿跑进屋，蛟龙爬上岸，皆是以景象的反常，暗示情事之阴错阳差，不近人情。“沅有茝兮澧有兰”兴起情语，极写言路不通之苦，语类“山有木兮木有枝，心悦君兮君不知”。“荒忽兮远望”二句承篇首“目眇眇兮愁予”，写的是望眼欲穿的情态。

次写追寻。从早到晚，从东边的江皋到西边的江皋，因为得到爱人的召唤，准备会合同行。以下用浪漫笔墨，写在水中建造新房。“筑室兮水中”十四句，铺排绚烂，写新房的布置陈设备极幽洁芬芳，渲染了因爱人即将到来的兴奋和欢快。“九嶷缤兮并迎”二句，是想象对方降临的盛况，非实景。

最后写盼望落空，只好在约定地点留赠。这是与《湘君》结尾对等的一段文字。“时不可兮骤得”好比《古诗十九首》说“过时而不采，将同秋草萎”、唐诗《金缕衣》言“花开堪折直须折，莫待无花空折枝”，言下有极大的遗憾和无奈。

相传舜帝南巡，死于苍梧之野，葬于九嶷山，二妃追之不及，死于湘水。双方相爱之深而相思甚苦，所以《湘君》、《湘夫人》写舜灵的湘君由九嶷北上，往寻二妃；而皇英二女即湘夫人，则沿湘江南下，往寻舜帝。其间不免有阴错阳差的情况发生。类似的情形，在人间男女恋爱中，也是经常发生的。故其象征意蕴超出本文内容，能引起读者普遍的神往和共鸣。

九歌·山鬼

（战国）◎屈 原

若有人兮山之阿，被(pī)薜荔兮带女萝。既含睇兮又宜笑，子慕予兮善窈窕。乘赤豹兮从文狸，辛夷车兮结桂旗。被石兰兮带杜衡，折芳馨兮遗(wèi)所思。余处幽篁兮终不见天，路险难兮独后来。表独立兮山之上，云溶溶兮而在下。杳冥冥兮羌昼晦，东风飘兮神灵雨。留灵修兮憺忘归，岁既晏兮孰华予！

采三秀兮巫山间，石磊磊兮葛蔓蔓。怨公子兮怅忘归，君思我兮不得闲。山中人兮芳杜若，饮石泉兮荫松柏，君思我兮然疑作。雷填填兮雨冥冥，猿啾啾兮狖(yòu)夜鸣。风飒飒兮木萧萧，思公子兮徒离忧。

山鬼即山中精灵，或云即巫山神女。徐悲鸿画作乘赤豹、披树叶的裸女，十分浪漫。诗写期盼不至乃至失恋的情绪。

全诗三段。一段描绘山鬼出场的形象。虽然装束是神——“被薜荔”、“带女萝”、“被石兰”、“带杜衡”、“乘赤豹”、“从文狸”、“辛夷车”、“结桂旗”，但骨子里却是人，一个苗条爱笑、眉目传情的怀春少女。她非常善于就山取材来装扮自己，同时也没有忘记采集一些香花芳草，准备献给心上人。

二段写山鬼到达赴约地点，未见期待出现的身影，心中有些忐忑不安。“余处幽篁”二句，是解释自己迟到的原因——居处幽暗、看不清天色，加山路很险，耽误了时间，潜在的担心是怕对方早来过了。“表独立兮山之上”四句，写候人。天昏

昏、云溶溶、风飘飘、雨霏霏的景象和气氛，还有那个笔立山头眺望行人的山鬼，简直就是巫峡神女石一段的风光。“留灵修兮憺忘归”二句，写执著与不安的心情。“岁既晏兮孰华予”，写尽人间大女难嫁的担忧。

三段写久盼不至的惨苦。随着时间的推移，山鬼的不安为事态所证明——对方显然是不会来了。“采三秀兮巫(於)山间”二句，承前“折芳馨”句，写山鬼并未完全放弃希望，下意识中还在等待。“怨公子”二句，上句对对方产生埋怨，下句又想当然地为之辩解，设想他不是不想我，而是“不得闲”。然而“不得闲”哪里是爽约的理由，最多只能是借口，话虽如此，可怜山鬼一片痴情。“山中人”三句，顾影自怜，对“君思我”又产生怀疑。诗情千回百折，符合初恋者的心情。末四句写夜幕降临后，山鬼因相思得不到回报，而极度凄苦的心情。用了一系列叠字来烘托高江急峡的气氛——雷填填、雨冥冥、风飒飒、木萧萧，特别是“猿啾啾”这一句，所谓“猿鸣三声泪沾裳”，也是“於山”即“巫山”一证。

诗中通过山鬼候人不至心情的变化，从自我埋怨到埋怨对方、到自我安慰、到陷入极度烦恼，写失恋的心态达到细致入微的程度。当融入了人生体验，所以其旨极大。诗经民歌即有大量以女性为抒情主人公的恋歌，而大诗人屈原更结合作者特有的人生体验，在《离骚》、《九歌》乃至《九章》中对女性苦恋心态，作了更深刻的描写，形象独到。如《湘夫人》、《山鬼》中的抒情主人公形象，就具有以下共同特点：美丽多姿而志趣芳洁，善解风情而孤独寂寥，情有独钟而专一执著，遭遇不偶而苦闷幽怨。和《诗经》中“子惠我思，骞裳涉溱，子不我思，岂无他人”式的恋情比较，正自不同。

琴歌二首

（汉）◎ 司马相如

凤兮凤兮归故乡，遨游四海求其凰。时未遇兮无所将，何悟今兮升斯堂。有艳淑女在闺房，室迩人遐毒我肠。何缘交颈为鸳鸯，胡颉颃兮共翱翔。

凰兮凰兮从我栖，得托孳尾永为妃。交情通意心和谐，中夜相从知者谁？双翼俱起翻高飞，无感我思使余悲。

司马相如与卓文君，是正式载入史册的我国历史上第一对自由恋爱的夫妇，影响很大。他们的结合，较早将婚姻建立在爱情的基础之上，给后世无数追求自由的男女树立了榜样。其事见《史记·司马相如列传》。传称临邛富豪卓王孙召临邛令与司马相如饮，“酒酣，临邛令前奏琴曰：‘窃闻长卿好之，愿以自娱。相如辞谢，为鼓一再行。是时卓王孙有女文君新寡，好音。故相如缪与令相重，而以琴心挑之。……文君窃从户窥之，心悦而好之，恐不得当也。既罢，相如乃使人重赐文君侍者，通殷勤，文君夜亡奔相如，相如乃驰归。’”

《琴歌》二首据说即是相如对文君弹唱的歌辞。然《史记》本传未载，首见于梁代徐陵所编《玉台新咏》，近人或疑为两汉琴工所为。虽无确据，但从歌辞比较直露来看，因感其事而托名相如的可能性较大。

凤凰是中国古代传说中的神鸟，“出于东方君子之国，翱翔四海之外，过昆仑，饮砥柱，濯羽弱水，暮宿风穴”（《尔雅》郭璞注引言），雄为凤，雌为凰，“雄鸣曰

司马相如（前179—前118），字长卿，西汉蜀郡成都（今属四川）人。初为景帝武骑常侍，因病免，游于梁园，与邹阳、枚乘等为友。因善辞赋为武帝赏识，用为郎，又拜中郎将，宣谕西南。后转孝文园令卒。有明辑本《司马文园集》。

即即，雌鸣曰足足"（《广雅》）。故昔人以"凤凰于飞"、"鸾凤和鸣"喻和谐的夫妇关系。相如少年时曾读书学剑，景帝时以家境殷实，捐得郎官，为武骑常侍。然武艺非其所长，长于辞赋，景帝对辞赋缺乏兴趣。相如因此称病辞官，投奔爱好文学，而招贤纳士的梁孝王，在梁园，他与邹阳、枚乘等一批著名文士交往，写下《子虚赋》等名篇。梁孝王死，相如回成都，其时家境衰微，不得不依托于临邛令王吉，于时尚未成家，故歌中引"遨游四海求其凰"以自譬。

"颉颃"是形容鸟儿上下自由飞翔的样子，语出《诗·邶风·燕燕》："燕燕于飞，颉之颃之。""孳尾"则指鸟兽的交配，"妃，匹也"（《说文》）。前歌侧重于表爱慕之意，后歌则直接邀约对方为爱情而出走，歌辞更见大胆炽热。这种旁若无人、公然相挑的言辞，放在现实生活中，是很难理喻的；然而，由琴工作为故事演唱，则容易感动受众。

《琴歌》虽借用了骚体形式，但摒弃方言，而贴近口语，千古以下，仍觉得非常好懂。

有所思

汉乐府

有所思，乃在大海南。何用问遗君？双珠玳瑁簪，用玉绍缭之。闻君有他心，拉杂摧烧之。摧烧之，当风扬其灰。从今以往，勿复相思！相思与君绝！鸡鸣狗吠，兄嫂当知之。妃呼狶！秋风肃肃晨风飔，东方须臾高知之！

本篇写一个热恋中的女子，突然听说对方变心之后的痛苦复杂的心情。

“有所思，乃在大海南”，先言所爱居住之地作为开篇，是爱情诗歌常见的写法，《诗经·周南·汉广》、《秦风·蒹葭》如此，张衡《四愁诗》如此，西北民歌《在那遥远的地方》、《达坂城的姑娘》也是如此。

赠爱人以礼物，是示爱的一种方式，古今无异。礼物最好亲手做成，“双珠玳瑁簪”就是两边各悬一颗珠子用玳瑁（龟类动物其甲有彩）做成的簪，又“用玉绍缭之”即以玉环缠绕在一起作为装饰。

这件珍贵的礼物后来竟被女主人公亲手毁了，因为她听说爱人移情别恋，一气之下把礼物付之一炬，还当风扬其灰。《红楼梦》第十八回有一个“林黛玉误剪香囊袋”的情节，黛玉误以为宝玉把她给的荷包让小厮解去了，就气得将为宝玉做的香囊袋“拿过来就铰”！

诗中“鸡鸣狗吠，兄嫂当知之”二句，意不甚明。或言女子的隐私为兄嫂所知；一说是女子一夜未睡，又怕兄嫂知道。“晨风”是鸟名，一说为雉鸟，因慕配偶而悲鸣，隐喻着女子求偶的失败。

末句说等到东方太阳升起以后总会知道怎么办。这就是所谓“车到山前必有路”，时间是包治百病的良药，暂时拿不定主意的事，不妨放一放。不了了之，也是一种办法。此诗很有生活情趣。

汉乐府，汉时乐府官署所采制的诗歌。汉代乐府官署大规模搜集歌辞始自武帝时，采诗的目的一是考察民情，二是丰富乐章，以供宫廷各种典礼以至娱乐之用。汉乐府歌辞多感于哀乐，缘事而发，现存作品多为东汉人所作。宋人郭茂倩所编《乐府诗集》是收罗汉迄五代乐府最为完备的一部诗集。

上 邪

汉乐府

上邪！我欲与君相知，长命无绝衰。山无陵，江水为竭，冬雷震震，夏雨雪，天地合，乃敢与君绝！

这是一首情歌。其奇警处在于，女主人公为了向爱人表白自己的心迹，连举天地间不可能发生的五件事（高山夷为平地，江水枯竭，冬日打雷，夏天下雪，天地合一）来表达自己对爱情的坚贞不移。女主人公火一样的热情，和急于表白自己的情态，使这首小诗具有感人的力量。须知处在封建时代，这样追求自由的爱情，表明义无反顾的决心和信念，是要有很大的勇气的。参读后代一些民歌，有助于理解此诗特定前提，如“打不丢来骂不丢，越打越骂越要偷”。

清人张玉谷评曰：“首三正说，意言已尽，后五反面竭力申说。如此然后敢绝，是终不可绝也。叠用五事两就地维说，两就天时说，直说到天地混合，一气赶落，不见堆垛，局奇笔横。”（《古诗赏析》五）可谓句句在理。

客从远方来

◎《古诗十九首》

客从远方来，遗我一端绮。相去万余里。故人心尚尔。文彩双鸳鸯，裁为合欢被。著以长相思，缘以结不解。以胶投漆中，谁能别离此？

这也是一首思妇辞，抒写了一位思妇收到丈夫从远方捎来的礼物的兴奋与喜悦之情。

读这首诗要注意它的双关修辞。“客从远方来，遗我一端（即半匹亦即二丈）绮”，首先叙述的是一个事实。俗话说“千里送鹅毛，礼轻人义重”，何况还是二丈长的带有鸳鸯图纹的素缎呢，又是万里以外的丈夫捎来的，那意义更是不同寻俗了。解此，方会得“相去万余里，故人心尚尔”所含的受宠若惊之语气。

其次，这里的“绮”，字形是奇丝，双关奇思也。而全诗即写思妇之奇思——她用这料子来作件什么东西呢？不是作上襦，不是作下裙，而是“裁为合欢被”，所谓合欢，也就是夜合花，又叫马樱花，羽状复叶，夜则对合，是夫妇好合的象征。奇思一也。

被的中间装绵，谓之“著”；被子四边缀饰，谓之“缘”。“著以长相思”，即著以绵也，以绵有丝（纤维）且长故云；“缘以结不解”，缘边的丝缕打的是死结也。而字面双关的是相思绵长，缘结不解。奇思二也。

意犹未已，再出一喻：“以胶投漆中，谁能别离此。”当时的生活经验，世上唯有胶漆的粘合力最强，一旦粘上，就难分难解。旧小说喻男女好合为如胶似漆，实本于此诗。奇思三也。

本诗尽洗相思离别愁苦黯淡之态而著色敷腴，情调欢快，这是与特定的时刻、具体的背景关联着的。诗中双关隐语的运用，工致贴切，精丽绝伦，已得六朝民歌风气之先。

《古诗十九首》，东汉文人抒情古诗共十九首，初见录于南朝梁昭明太子萧统《文选》。诗多反映汉末动乱时世中夫妇两地分居之苦，及文人失落心态，而语言平易自然，如秀才对朋友说家常话，颇为后世称道。

西北有高楼

◎《古诗十九首》

西北有高楼，上与浮云齐。交疏结绮窗，阿阁三重阶。上有弦歌声，音响一何悲！谁能为此曲？无乃杞梁妻。清商随风发，中曲正徘徊。一弹再三叹，慷慨有余哀。不惜歌者苦，但伤知音稀。愿为双鸿鹄，奋翅起高飞。

听歌，引起诗人浮想联翩。诗的主题句是“但伤知音稀”。电影《知音》主题歌云：“山青青，水碧碧，高山流水韵依依。”又说“千古知音最难觅”者，是也。

诗人风闻一座豪宅的楼上传来弦歌之声，其所弹唱，乃“孟姜女哭长城”（“谁能为此曲？无乃杞梁妻”）。主旋律之美，而且不断出现，每出现一遍都令人感慨万千。歌声又是那样的专注，那样的有磁性，诗人无法不驻足洗耳恭听。

他边听边想：“那歌女和她的歌声一样动人吧？”一会儿又想：“没有人比我更能赏识她的歌声了。”一会儿又想：“没有人比她更适合于我了。”

歌为媒，诗人找到了恋爱的感觉，在想入非非中，和歌女比翼齐飞了。这大概是《关雎》、《汉广》以来，很好的一首恋歌了。

据说陆侃如青年时代参加论文答辩，提问：“孔雀何以东南飞？”应声答云：“西北有高楼，上与浮云齐。”其事可入语林。

情 诗

（晋）◎张 华

游目四野外，逍遥独延伫。兰蕙缘清渠，繁华阴绿渚。佳人不在兹，取此欲谁与？巢居知风寒，穴处识阴雨。不曾远别离，安知慕俦侣？

张华（232—300），字茂先，西晋范阳方城（今河北固安）人。魏时为太常博士、佐著作郎、长史兼中书郎。晋立，为中书令，封广武侯。后进位司空，领著作。为赵王伦所害。有明辑本《张司空集》，另有《博物志》传世。

《情诗》五首都是写夫妇赠答之词，这是其中较为著名的一首，表现游子对妻子的思念之情。

诗的前六句平平叙起，似曾相识，使人联想到古诗人吟咏过的“涉江采芙蓉，兰泽多芳草。采之欲遗谁？所思在远道”。诗的精彩处在后面四句，“巢居知风寒，穴处识阴雨”是说巢居的鸟最易感受风寒，穴处的虫子能够预知阴雨，这两句诗是运用汉魏时的熟语（《汉书·翼奉传》：“犹巢居知风，穴处知雨，亦不足多，适所习耳”），来比喻生活在特定环境中人对某些况味感受真切，不同寻常。

结尾两句通过反诘的语气，托出正意：“不曾远别离，安知慕俦侣？”未曾亲身经历远别离的人，怎能知道孤独者思念伴侣的那种如饥似渴的滋味呢？这句话道出了作者渴念妻子的心情，含有深切的人生体验，因而也道出了许多“离人”的共感。

宋词人小晏《生查子》道：“关山梦魂长，鱼雁音尘少。两鬓可怜青，只为相思老。　归梦碧纱窗，说与人人道：真个别离难，不似相逢好。”最后两句的“真个”云云，是耐人寻味的，可见未曾经过别离的人，只有在他身经别离之后，才“真个”知道那滋味到底有多难受。张华《情诗》先道出这一点，所以“油然入人”（沈德潜语）。

悼亡诗

（晋）◎ 潘 岳

荏苒冬春谢，寒暑忽流易。之子归穷泉，重壤永幽隔。私怀谁克从，淹留亦何益？黾勉恭朝命，回心反初役。望庐思其人，入室想所历。帏屏无仿佛，翰墨有余迹。流芳未及歇，遗挂犹在壁。怅恍如或存，周遑忡惊惕。如彼翰林鸟，双栖一朝只；如彼游川鱼，比目中路析。春风缘隙来，晨霤承檐滴。寝息何时忘，沉忧日盈积。庶几有时衰，庄缶犹可击。

潘岳（247—300），字安仁，西晋荥阳中牟（今河南中牟）人。幼号奇童，为司空、太尉掾。出任河阳令、怀令，有政绩。后为长安令，迁著作郎，转给事黄门侍郎，依附外戚贾谧，为"二十四友"之首。贾谧见诛于赵王伦，因谋复仇事泄，为伦所害。有明辑本《潘黄门集》。

在浩若烟海的旧体诗词中，"悼亡"（悼念亡妻）是一个专题，一个类型。说起这个专题，就想起吾师宛老的几首诗词："叶落萧萧夜梦惊，对床不复听鼾声。同甘共苦寻常事，死别生离万古情。""鹤话尧年讶苦寒，小春未尽雪漫漫。妥灵祭罢儿孙哭，从此人间一见难。""见难恒别伤鸿燕，燕鸿伤别恒难见。风雨泣山空，空山泣雨风。梦余悲老凤，凤老悲余梦。肠断话西窗，窗西话断肠。"

潘岳此作（原三首）是文学史上最早的悼亡诗。杨氏与诗人共同生活了二十四个年头，卒于晋惠帝元康八年（298）。本篇作于安葬亡妻之后。从篇首到"回心反初役"共八句，写诗人安葬亡妻，归途中寻寻觅觅、惨惨戚戚的思想活动。"荏苒冬春谢，寒暑忽流易"是说妻子在冬天去世，春初下葬，不觉寒暑易节，令人神伤；"之子归穷泉，重壤永幽隔"写下葬，同时也是痛定思痛，越发神伤；"私怀谁克从，淹留亦何益"是说想要继续留在家中，既不能，又无益；"勉恭朝命，回心返初役"是说还是回到公务之中，努力工作，来冲淡个人的忧伤吧——这是极其无可奈何的话。几句只就眼前景，心中事，平平叙起，话语沉痛，写得情境俱出。

从"望庐思其人"到"比目中路析"写诗人回到家中，见人去室空，不觉又生出

一番感伤。这一段触物兴叹，若不胜情，是向来为人所称道的。“望庐思其人，入室想所历”两句互文，为以下六句之纲领。“翰墨”、“流芳”和“遗挂”，或以为分别指遗墨、化妆品、衣物三事而言，而余冠英则认为“流芳”、“遗挂”都承翰墨而言，言亡妻笔墨遗迹，挂在墙上，还有余芳。按杨氏出身在一个书法世家，其父戴侯杨肇与其兄康侯杨潭都是擅长草书和隶书的书家，得益于耳濡目染，杨氏之爱好书法，当无问题作为一种精神载体，书法作品最能反映作者的性情，简单就是其生命形象。对此物在，使人竟不信人亡——“怅恍如或存”的感觉是十分真实的，然而人亡毕竟是一个事实。

“周遑忡惊惕”一句，前人如陈祚明、沈德潜等多谓不通，而吴淇独以为“五字似复，而实一字有一字之情。（上句）‘怅恍’者，见其所历而犹为未亡；‘周遑忡惊易’，想其所历而已知其亡，七字总以描写室中人新亡，单剩孤孤一身在室内，其心中忐忐忑忑光景如画”（《六朝选诗定论》）。剖析入微，颇有道理。以下以鱼鸟设喻写丧偶之痛。“翰林鸟”指双飞于林中之鸟，所谓“夫妻本是同林鸟，大限来时各自飞”；比目鱼，古人认为是“不比不行”（《尔雅·释地》）即游必成双的鱼，因为这种鱼身体很扁，目生一侧，故传说须雄雌并游，始能兼顾左右，故古人常用比喻夫妻好合。

从“春风缘隙来”至篇末六句，写诗人的丧偶积痛难消，从而希望自己能像庄子那样通达，从忧伤中得到解脱。先写春风和煦，屋檐滴水是冰柱的消融，也是时光的流逝，而诗人心中的积郁却不能涣然冰释，与时消没，反有与日俱增之感——“寝息何时忘，沉忧日盈积”。于是他想到了《庄子·至乐》中妻死鼓盆而歌的故事，和庄周所说的人本无生无形、从无到有、又从有到无，有如四季循环，又何必悲伤的话，希望从中得到感悟和解脱。话虽如此，诗人潘岳毕竟不是哲学家庄周，所以这个结尾让人感到的仍是悲哀与无奈。

全诗没有叙述多少夫妻生活的事实，而是紧紧围绕诗人在送葬归来后乱糟糟的内心活动、意识之流加以描写，如怨如慕，如泣如诉，以真情动人。诗人的悲痛虽然深广，在表现上却无意强调夸张，只是浅斟低唱、一味白描，写一些眼前景，说了些心中事，用了些通俗喻，将悼亡的深情婉转流动于清浅的字句之间，从而取得一种娓娓动听、扣人心弦的艺术效果。

南朝乐府，东晋以来，长江流域商业发达，城市繁荣。南朝乐府机关采集的民歌，以五言四句体为主，绝大多数是情歌，文人加工的痕迹较为明显。

子夜歌（录四）

◎ 南朝乐府

其 一

宿昔不梳头，丝发被两肩。婉伸郎膝上，何处不可怜。

《子夜歌》是东晋城市流行歌曲，《乐府诗集》存四十二首。多写妓情。

敢于不梳头而蓄披肩发的，是妙龄少女，决非半老徐娘。“何处不可怜”不仅是男方的感觉，更是少女得宠时，良好的自我感觉：“得宠的感觉真好。”十二生肖无猫，或言少女属猫，此诗就将女性的媚态美，表达得入木三分。

其 二

始欲识郎时，两心望如一。理丝入残机，何悟不成匹。

诗中人一边织布，一边想着心事：当初相识的时候，他不是这样子的呀，两个人像是一条心呀。怎么说变就变了呢。人正在心烦意乱时候，该死的破机子偏和人捣乱，光断线，看来织不成布匹了——这里“匹”字双关匹配的意思，谐音双关是南朝民歌常用的手法。

其　三

今夕已欢别，合会在何时？明灯照空局，悠然未有期。

诗写别情，关键在第二句的一问。回答本是“君问归期未有期”，诗中人却绕了个弯子，三四句既是歇后，也是双关，明灯照着空棋局，不是油燃未有棋(“悠然未有期”)吗？仍是谐音双关，民间喜闻乐见的一种表达方式。也可以假定，这对人儿过去是常对坐围棋的，对方走了，棋兴顿减，当然也就有明灯照空局的情形。

其　四

夜长不得眠，明月何灼灼。想闻欢唤声，虚应空中诺。

诗中人因想入了迷，竟产生听的幻觉，情不自禁地答应出声，事实上没人喊她。痴迷情态如见。

子夜四时歌（录四）

◎ 南朝乐府

其 一

春林花多媚，春鸟意多哀。春风复多情，吹我罗裳开。

这是一首妙龄女子怀春的心曲。王国维《人间词话》有一段人们熟悉的言论：“有有我之境，有无我之境。……有我之境，以我观物，故物皆著我之色彩；无我之境，以物观物，故不知何者为我。何者为物。”这首小诗看来是属于“有我之境”了，因为在诗中描绘的各色春景，莫不沾上一个情窦初开的少女的情爱色彩。

“春林花多媚”，看来只说了一个事实，春花当然是美丽的。然而在这里，“春花”又非“以物观物”的春花，它还含有爱情勃发的喻意（“多媚”即性感），是性爱的象征物。诗中少女本能地感悟到春花的“多媚”，与自身的成熟有着某种微妙的同构关系。所以她在赞美春花多媚的同时，毋宁是在高声赞美着初长成人的自己。

“春鸟意多哀”似乎有点违反人们普遍的感受，倒是陶渊明的“敛翮闲止，好声相和”、“晨风清兴，好音时交”更近于春鸟给人的通常感觉。可见这里是“以我观物，故物皆著我之色彩”了。女子深闭幽阁，春来不免有兰闺寂寞之感，恰如杜丽娘面对春景感伤的“良辰美景奈何天，赏心乐事谁家院”，当其听到“生生燕语明如剪，呖呖莺歌溜的圆”，不由得越发悲哀，转而又移情于物，连鸟语也似乎为之不欢了。

最妙还是关于“春风”的两句。在六朝乐府中，“春风”一辞多积淀有恋爱的意味，或象征撩人的春情，如“是时君不归，春风徒笑妾”（鲍令晖《寄行人》）；或直接象征所爱，如“春风难期信，托情明月光”（《读曲歌》）。此诗则偏重后一意。“春风复多情，吹我罗裳开”，春风吹动人的衣襟，本来是游赏活动中极其偶然、极其平常的事情，而怀春的少女却把它看做一个好的兆头。

大抵痴心的人总是有些迷信，如果“幽人将邃眠，解带翻成结”（韦应物诗），那预兆显然对相思人不利。而“春风复多情，吹我罗裳开”，则似乎是一个将有好合的预兆。在这里，少女在她的白日梦中，分明将“春风”想象成一位真实的爱人，一位多情的翩翩少年，在温柔地抚爱她，而她亦将“感郎不羞郎，回身就郎抱”

(《碧玉歌》)了。在这里,诗人已给我们活脱脱画出一个妙龄而痴心的少女形象,宛如看见她那娇媚而迷惘的神情。二十字能有如此出神入化的描写,而且是运用着最自然的口语,不能不令人叫绝。

在同一时期产生的《读曲歌》中还有一诗与此构思相同:“花钗芙蓉髻,双鬓如浮云。春风不知著,好来动罗裙。”但在语言音情上则较此诗逊色。此诗在句式上的特点是前三句同纽(即“春林”、“春鸟”、“春风”首字同),末句宕开,在重复中有推进,自然中见意匠,我们千万不要小看了这个“春”字在诗的句首反复运用。虽然迄今难以确知是谁第一个将春色来比芳年,从而使后人将春情作为性觉醒(或性爱)的代名词,然而我们仍可以指出其中一些特出的成功范例,子夜“春歌”便是这样的一首。

此诗反复地、有变化地通过春花的媚(象征少女的媚)、春鸟的哀(象征少女的哀)、春风的多情(象征少女的多情),总之是一连串的春意,三个“多”字,有力地突出了青春少女性的觉醒、爱的萌芽。这样集中而又繁复,随着诗人的生花妙笔,读者分明感到少女的内心世界的向外扩散,她那强烈的主观感觉已充塞天地,拥抱了整个春天。诗中之情可谓痴率天真,艳而不“色”。

郑振铎赞赏道:“在山明水秀的江南,产生这样漂亮情歌并不足惊奇。所可惊奇的是……只有深情绮腻,而没有一点粗犷之气:只有绮思柔语,没有一句下流卑污的话。不像《山歌》、《挂枝儿》等,有的地方赤裸裸的描写性欲。这里只有温柔而没有挑拨,只有羞怯与怀念而没有过分大明的沉醉。故她们和后来的许多民歌不同,她们是绮靡而不淫荡的。她们是少妇而不是荡妇。”(《中国俗文学史》)这首春歌便着重灵的抒写,没有多少肉感成份,具有一种浸人心脾的清新纯真的美感。

其　二

春风动春心,流目瞩山林。山林多奇采,阳鸟吐清音。

这首春歌前二句与后二句用接字手法联缀。乍看好像是写春游山林,看花听鸟,心旷而神怡的感觉。然而阳鸟所吐之清音,无非关关悦偶之声也;山林之奇采,无非青春之气息也。否则与人“动春心”何干?

其　三

青荷盖绿水，芙蓉葩红鲜。郎见欲采我，我心欲怀莲。

这首诗写男有心，更是写女有意。好花一般比女色，但大胆的南朝女子却敢于比男色，“芙蓉”的谐音不正是夫容吗？《神弦歌·白石郎歌》就放胆地唱道：“积石如玉，列松如翠；郎艳独绝，世无其二。”诗云郎要采我，正中下怀呢。民歌好就好在怎么想怎么说，绝不忸怩作态。四川清音有一段绝妙的唱词：“男有心，女有意，哪怕那山高水又深。那山高也有人行走，水深自有渡船人。三十五里桃花店，四十五里杏花村。杏花村里出美酒，桃花店里出美人。好酒越吃越不醉，好花越看越爱人。”亦有同妙。

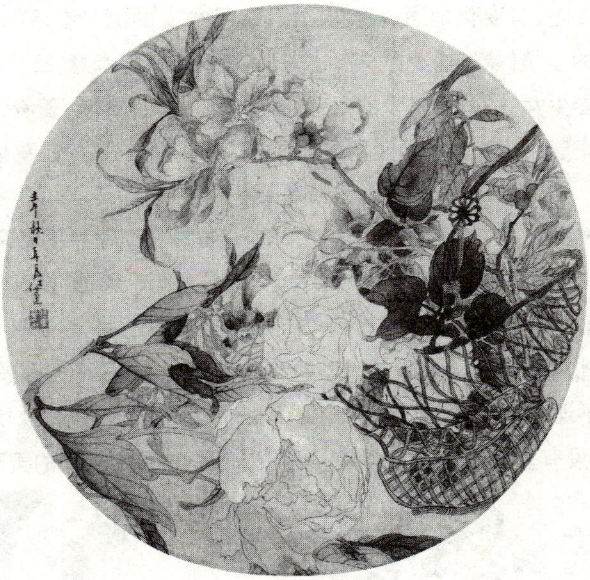

其　四

秋风入窗里，罗帐起飘扬。仰头看明月，寄情千里光。

读这首民歌，绝大多数读者都会联想起大诗人李白那首脍炙人口的《静夜思》来，无论构思、造境、取象、用语，乃至五绝体制，都有传承的关系。但两首诗并不能互相取代。因为这一首写的是夫妇之间的相思，而非一般游子之情，诗中罗帐这一意象就与夫妇爱情生活密切相关。李白另有一首《独漉篇》其中写道：“罗帏舒卷，似有人开，明月直入，无心可猜。”也是对此诗意的发挥，“似”字入妙，过去是两心无猜，而今无心可猜，以写寂寞之情妙极。

读曲歌

◎ 南朝乐府

打杀长鸣鸡，弹去乌臼鸟。愿得连冥不复曙，一年都一晓。

本篇写情人欢娱嫌夜短的心理。乌臼鸟又名黎雀、鸦舅，天将明即啼叫，先于司晨之鸡的一种鸟儿。但不管是雄鸡还是乌臼鸟，它们只是报晓而已，是黎明的使者而非黎明的主宰，将它们打杀、弹去就能阻止黎明的到来么？诗中人牵怒禽鸟的无赖，及“一年都一晓”着想的天真，都表现了其情痴。而诗味也正在于此。

西乌夜飞

◎ 南朝乐府

日从东方出，团团鸡子黄。夫妇恩情重，怜欢故在傍。

《西乌夜飞》，是南朝乐府民歌，属清商曲辞中的《西曲歌》。《乐府诗集》云："《西曲歌》出于荆、郢、樊、邓之间。"那时，荆、郢之地经济繁荣，商业兴旺，文化发达，这是产生《西曲歌》的重要社会条件。《西曲歌》大多描写社会生活中的离愁别恨和爱情相思，这首也是借一位女子的口气，表达夫妻久别重逢时的喜悦，感情真挚深厚，风格清新秀丽。

这位女子的丈夫或许是在外经商吧，她天天都在焦急地盼望他的归来。在一个晴朗的早晨，圆圆的太阳像鸡蛋黄一样，正从东方升起。就在这个美好的时刻，魂牵梦萦的丈夫终于回来了。女子惊喜万分：他到底没有背弃自己，这种恩爱和情意是多么深厚啊！她激动不已，紧紧地依偎在自己所爱的丈夫身旁，久久不能离去。

这首诗虽然只有短短二十个字，语言也平易朴实、明白晓畅，但在表现技巧上，却是颇有独到之处。第一、二句如同《诗经》中的许多作品一样，有起兴的作用，即"先言他物以引起所咏之词也"（朱熹《诗集传》），使诗意表达得更加婉曲有致。同时，在我国古代，有以日为夫象的传统观念。闻一多在《诗经通义》中说："以日月喻夫者，天象之著者莫著于日月，以天地比夫妇，言日月犹言天也。"诗中第一句说"日出"，第三句说"夫妇"，则"日"与"夫"之关

系，已经得到了暗示。这位女子把丈夫比做天上的太阳，用阳光温暖的爱抚来比喻丈夫对自己的恩情，足见她对丈夫的一腔痴情。另外，第二句用鸡蛋黄比喻初出的太阳，在形状和色彩上都显得十分贴切而又新鲜，而“团团”两字，又能使人联想到夫妻团聚、其乐融融。同时，这种比喻也很切合女子的身份，因为鸡蛋黄是她下厨操作时见惯的东西，所以当她看到那初升的太阳时，就自然而然地产生了这种联想。这一句不仅衬托出全诗欢快明朗的情绪，也很富有生活气息。这正是民歌的可贵之处。

诗的结尾，也很有特色。“怜欢故在傍”，以相依相偎的生动情景，来表现女子对刚刚归来的丈夫的缠绵之意，把感情具象化，给人以十分深刻的印象。特别是一个“故”字，用得准确，而又内涵丰富。故者，故意也，特地也。她为什么要故意偎傍着他呢？爱悦之情，固是一端；然而，她要报答他的忠于爱情，更是重要原因，那么，他们当初分别时的海誓山盟，也就自在不言之中了。她故意依偎着不愿离开，其分别之久，思念之切，也就可以想见了。全诗到此，戛然而止，给读者留下了多少回味和想象的余地，真可谓是“含不尽之意见于言外”。

西洲曲

◎ 南朝乐府

忆梅下西洲，折梅寄江北。单衫杏子红，双鬓鸦雏色。西洲在何处，两桨桥头渡。日暮伯劳飞，风吹乌臼树。树下即门前，门中露翠钿。开门郎不至，出门采红莲。采莲南塘秋，莲花过人头。低头弄莲子，莲子青如水。置莲怀袖中，莲心彻底红。忆郎郎不至，仰首望飞鸿。鸿飞满西洲，望郎上青楼。楼高望不见，尽日栏杆头。栏杆十二曲，垂手明如玉。卷帘天自高，海水摇空绿。海水梦悠悠，君愁我亦愁。南风知我意，吹梦到西洲。

本篇写采莲季节水乡男女相思之情，是南朝乐府最成熟、精致的作品。全诗四句换韵，八句一段。古人赞为声情摇曳。然其意脉似断非断、似续非续，诗中地点的确定、语气的归属及季节如何，颇有朦胧之处。这里只提供一种解读。

一段八句写男思女。首句“忆梅”是以梅代指所爱，“下西洲”三字连文，据温庭筠同题诗：“悠悠复悠悠，昨日下西洲。”当是到西洲去的意思。亦如当时民歌“下扬州”的说法一样。“折梅”字面与前文映带，而另有出典，即“折梅逢驿使，寄与陇头人”（陆凯《赠范晔》），当是寄书（到江北）的意思。“江北”则是“西洲”的一转语，表明西洲所处，在长江之北，据前面提到的温庭筠诗说“西洲风色好，遥见武昌楼”，则西洲当在武昌一带。“单衫杏子红，双鬓鸦雏色”是男子记忆中的女方印象，不必泥定当前季节（就像晏几道《临江仙》“记得小蘋初见，两重心字罗衣”）。从诗意可以会出：女方家在西洲，离桥头和渡口很近，家居有楼，门边有乌臼树，门外有一片莲塘通于长江。诗中男子“下西洲”，还捎了信，为的是与女方约会，但当他到达女方门前，只见“日暮伯劳飞，风吹乌臼树”。这手法使人联想到《楚辞·湘君》“朝骋骛兮江皋，夕弭节兮北渚，鸟次兮屋上，水周兮堂下”，鸟还停在屋上，水流在堂下，人呢？没有会到。

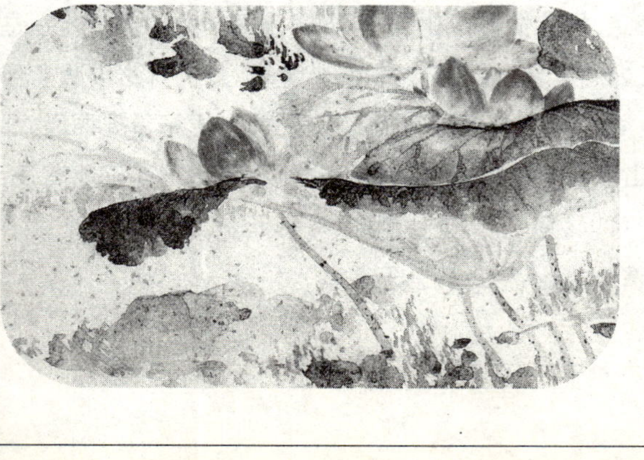

二段“树下即门前”八句写女思男。紧接上文，以“门中露翠钿”句暗示女方曾如约等过男方，但男方错过了约定时间，不得已出工“采红莲”去了——这

种因不守时而导致阴差阳错的事，在恋爱中人是常有的事，何况那时代青年男女还并不那么自由。诗中情事实际发生的季节是在江南可采莲的季节，也就是吴歌所谓“乘月种芙蓉，夜夜得莲子”的青年男女恋爱的季节。约会的失败，导致双方都有一番失望和心神不定。诗中“莲”字意带双关，“低头弄莲子，莲子清如水”也就是想到对方的志诚和清白，不知道到底什么事拖住了他。

三段续写女思男。“置莲怀袖中，莲心彻底红”，想到对方的热情，坚信对方不会变心，其实也是作自我表态。这一错过，只好日日盼对方来信，给个说法。“飞鸿”在古诗中可作信使的代称。心中丢不下，总以为对方还要来，所以登楼眺望，一直未来就一直盼着，所以“尽日栏杆头”，实在是苦。

四段写男女两地相思。前四句继续写女方登楼远望。这里的“海”非大海，而是地方话中对大片水域的称呼，如广东人称珠江为珠海，彭州人称银厂沟为海子。女方在江北遥望上游的江南，所见自是大片水域而已。末四句写梦，“君愁我亦愁”语妙，作女方口气读固无不可（“吹梦到西洲”就是请对方托梦于我），作男方语气与首段呼应语气更顺（“吹梦到西洲”就是请风把梦吹向对方），无论如何，“君”、“我”二字写出男女的心心相应，可以合唱。前人所谓“摇曳无穷，情味愈出”（沈德潜）。

《西洲曲》写的是江南水乡青年在采莲季节的恋爱情思，男女双方彼此互爱，一往情深，因为带有自由恋爱性质，所以可贵。诗中把双方挚爱的情思，通过一次错过的约会来写，这种戏剧性情节，有利于深入表现双方情爱的执著和缠绵，也就容易出戏。诗中以长江中游明丽的自然风光，如西洲、渡口、桥头、南塘、乌臼、红莲等等场景风物，衬托水乡男女在采莲季节的生活和情思，做到情、景、事三者的高度协调，生动地再现了水乡风情，意境极具和谐之美。富于暗示性的诗句和欲断还连的诗节，恰到好处地表现了诗中人一往情深，而又欲言难言的内心活动。诗的音节回环婉转，摇曳生姿，富于音乐美。一是在古体诗中运用了新体诗的声律，如“树下即门前”一联、“忆郎郎不至”一联、“海水梦悠悠”一联，都是合律的句子；二是四句或两句一换韵，韵随意转，声情密切配合，直接影响到初唐四杰七言古诗句调的形成；三是多用联珠或顶针的句法，上下勾联，回环婉转，恰到好处地表现了诗中人绵绵不断的情思。

地驱歌乐辞

◎ 北朝乐府

驱羊入谷，白羊在前。老女不嫁，蹋地唤天。

民间以婚嫁为大事，而古代有早婚习俗，故民歌多以女大当嫁为辞。前诗写老女未嫁、怕没人要的悲苦，因为这个悲苦在爹娘跟前说不出口，所以踏地唤天也。诗以赶羊为兴语，谓之牧羊女思嫁之歌也宜。诗中白羊，应是头羊，自该走在羊群之前。以此类推，则“嫁女出门，老女在前”。则此诗可能是咏大姊后嫁，心头焦急。

北朝乐府，北朝民歌多半是北魏以后的作品，陆续传到南方，由梁代的乐府机关保存。与南朝乐府相比，北朝民歌口头创作居多，以谣体为主，数量较南朝民歌为少，而内容较为开阔，艺术表现则较为质朴刚健。

公子行

（唐）◎ 刘希夷

天津桥下阳春水，天津桥上繁华子。马声回合青云外，人影动摇绿波里。绿波荡漾玉为砂，青云离披锦作霞。可怜杨柳伤心树，可怜桃李断肠花。此日遨游邀美女，此时歌舞入娼家。娼家美女郁金香，飞来飞去公子傍。的的珠帘白日映，娥娥玉颜红粉妆。花际徘徊双蛱蝶，池边顾步两鸳鸯。倾国倾城汉武帝，为云为雨楚襄王。古来容光人所羡，况复今日遥相见。愿作轻罗著细腰，愿为明镜分娇面。与君相向转相亲，与君双栖共一身。愿作贞松千岁古，谁论芳槿一朝新。百年同谢西山日，千秋万古北邙尘。

刘希夷（651—？），字庭芝，一作廷芝，汝州（今河南临汝）人。高宗上元二年（675）郑益榜进士。《全唐诗》存诗1卷。

这是一首春歌。诗中用轻倩的笔调，描绘了一幅游戏人生的图画。时间：七世纪中叶的一个春天。地点：唐朝的东都洛阳。人物：公子哥儿和艺伎。都城诗中例行的恋爱公事，在这个富于天才的诗人笔下表现得很有特色，从而使人赏心悦目。然而，除闻一多独具慧眼地表示欣赏外，近世研究者很少论及。其实它不该受到这样的冷落。

“天津桥”在洛阳西南洛水上，是唐人春游最繁华的景点之一。李白《古风》写道：“天津三月时，千门（宫门）桃与李。朝为断肠花，暮逐东流水。前水复后水，古今相续流。新人非旧人，年年桥上游。”刘希夷此诗也从天津桥写起，诚非偶然。天津桥下洛水是清澈的，春来尤其碧绿可爱，明媚的晴朝，能看到“津桥春水映红霞”（雍陶）的景色。诗中“阳春水”的铸辞，可启人遐想。与“天津桥下阳春水”对举的，是“天津桥上繁华子”，即纨绔公子——青春年少的人。

以下略写马嘶入云以见兴致后，便巧妙地将春水与少年，糅合于倒影的描写："人影动摇绿波里。"意象飘逸，有镜花水月之妙。这种梦幻般的色彩，于诗中所写的快乐短暂的人生，适有点染之功。紧接着写水中或岸上的沙，和倒映水中的云霞，作为人影的陪衬。词藻华丽，分别融合或活用了"始镜底以如玉，终积岸而成沙"（谢灵运）的赋句和"（锦）文似云霞"（《拾遗记》）的文句，又以顶针的辞格衔接上文，意象、词采、声韵兼美。这段关于东都之春的描绘，最后落到宫门内外的碧树与春花。梁简文帝诗道："桃含可怜紫，柳发断肠青。"诗人因以用之，以赞叹不绝于口的排比句式，写道："可怜杨柳伤心树！可怜桃李断肠花！""伤心"、"断肠"的措辞固然来自好景不长，以及与杨柳、桃李有关的其他联想（如离别、艳色、脆柔等）。但诗人连呼可爱（可怜），又似乎是喜极过情之辞。或者，他此刻"已从美的暂促性中认识了玄学家所谓的'永恒'——一个最缥缈又最实在，令人惊喜又令人震怖的存在"（闻一多）。这种富于柔情的彻悟和动人春色本身，都能撩起无限绮思。

春游意兴已足，公子将归何处："此日遨游邀美女，此时歌舞入娼家。"诗人就这样将人间的艳遇，安排在自然界春意的展示之后，构思是巧妙的，效果是双重的。那"飞来飞去公子傍"的，是"郁金香"呢？是"歌舞"呢？语妙兼关。满堂氛氲，舞姿妙曼，公子必已心醉目迷了。诗人这时用两句分写华堂景物，美人形容："的的（明亮）珠帘白日映，娥娥（美好）玉颜红粉妆。"（《古诗》"娥娥红粉妆"）闲中著色，有助于表现歌筵的欢乐。性爱，作为歌舞娱乐的一种动机，此刻便适时地萌发了："花际徘徊双蛱蝶，池边顾步两鸳鸯。"在这精巧的景色穿插中，包含着这样的构思：成双作对的昆虫水鸟，能够促使恋人迅速效仿。"蛱蝶"、"鸳鸯"为性欲蒙上了一层生物学的面纱。"倾国倾城"、"为云为雨"两句，更是露骨地暗示着情欲的放纵了。这两个措辞直接出自汉武帝李夫人、楚王神女的故事传说，不免有太狂太俗的感觉。而施诸娼家场合，又以其本色而可喜。这种颠狂，乃是都城诗里常有的内容，如《长安古意》"罗襦宝带为君解，燕歌赵舞为君开"一节，便彼此彼此。而闻一多对卢照邻诗的批评："颠狂中有战栗，堕落中有灵性。"也可移用于此诗。

寻欢作乐的场面结束得恰到好处。"古来容光人所羡"以下，诗人将笔墨集中在热恋双方的山盟海誓上，开出了一番新的境界。前四句是公子声口，"愿作轻罗著细腰，愿为明镜分娇面"，真不愧为最动人的情语。它的灵感固然是从张衡《同声歌》借代来的。但“思为苑蒻席，在下蔽匡床。愿为罗衾帱，在上卫风霜”，原是女性口吻，到陶潜《闲情赋》“愿在衣而为领，承华首之余芳”等句，变为男性卑谦口吻，便是一个创造。不过一连十愿，不便记诵。此诗则既沿陶诗作男性口吻，又如张作只写两愿。“愿为明镜分娇面”的着想尤妙不可言。不言“观”娇面，实已包含化镜观面的献身意味，又兼有“分”享女方对美的自我陶醉之意，尽兴表达了爱的情愫。故仍有后出转精之感。“与君相向转相亲”六句是艺妓的答辞，概括起来八个字：永远相爱，同生共死。

梁代王僧孺诗云：“妾意在寒松，君心若朝槿。”意在怨男方之恋情如木槿，朝花暮落，不若己心如松树耐寒持久。此反用其意作“愿作贞松千岁古，谁论芳槿一朝新”。末二句意谓在生愿结百年之好，死后也愿同化北邙（山名，坟地）飞尘。意只平常，却说得惊天动地。“百年——千秋——万古，”造成不期然而然的递进，更增加了夸饰的色彩。以上对话，哪几句属哪个人所说，没有明为标出，然而问答口吻及双方情态如见。沈德潜评此节为“公子惑于声色而娼家以诳语答之”（《唐诗别裁》）。说诗旨在讥“惑”，恐非作者本意。像刘希夷这样“美姿容，好谈笑”（《唐才子传》），多愁善感，不拘常检，英年折寿的纯情诗人，对他笔下及春行乐的人物，很难说有多少讽刺。恰恰相反，倒是同情欣赏的成分居多。顶多是“劝百而讽一”吧。不过，沈氏说娼家答语为“诳”，倒是满不错的。世间热恋中男女吐属大半近“诳”，即未必理智。但这里还有另一面，为沈氏所忽略，那就是“痴”。在齐梁宫体诗中，就听不见这种男女痴情话。“痴”则近于真，与“诳”适成对立因素。此即所谓堕落中的灵性了。

如果与《长安古意》比较，《公子行》显然没有那样恣肆汗漫。它却别有一种倩丽风流，令读者感觉愉悦轻快。作为初唐七古，这两首诗在形式上的共同特征是对仗工丽，上下蝉联。而此诗在对叠律的运用上，穷极变化，尤有特色。诗中使用最多的是同纽的排比句式，一般用于段落的起结处（如“天津桥下阳春水，天津桥下繁华子”到“可怜杨柳伤心树，可怜桃李断肠花”为起讫，系写景；“此日遨游邀美女，此时歌舞入娼家”则另起一段），及对话中（“愿作轻罗著细腰，愿为明镜分娇面”；“与君相向转相亲，与君双栖共一身”），形成一种特殊的提顿，又造成重复中求变化，和一气贯注的韵调。此外，各种带有复叠的对仗句子逐步可见。再就是顶针格（如第四、五句衔接）和前分后总格（“美女”、“娼家”分合的三句）的使用。凡此均有助于全诗形成一种明珠走盘的音情，为这首春歌增添了不少风姿。

李白（701—762），字太白，号青莲居士，祖籍陇西成纪（今甘肃秦安），生长于蜀。玄宗开元十二年（724）出蜀漫游，先后隐居安陆（今属湖北）与徂徕山（在今山东）。天宝元年（742）奉诏入京，供奉翰林，后赐金还山。安史乱中因从永王璘获罪，系身囹圄，一度流放。有《李翰林集》。

长相思

（唐）◎李　白

长相思，在长安。络纬秋啼金井阑，微霜凄凄簟色寒。孤灯不明思欲绝，卷帷望月空长叹。美人如花隔云端。上有青冥之高天，下有渌水之波澜。天长路远魂飞苦，梦魂不到关山难。长相思，摧心肝。

李白七言歌行往往逞足笔力，写得豪迈奔放，但他也有一些诗篇能在豪放飘逸的同时兼有含蓄的思致。《长相思》乃第一次到长安求仕未果、于沉思中回忆过往情绪之作，就显然属于这样的作品。

“长相思”本汉诗中语（如《古诗》“客从远方来，遗我一书札。上言长相思，下言久离别”），六朝诗人多以名篇（如陈后主、徐陵、江总等均有作），并以“长相思”发端，属乐府《杂曲歌辞》。现存歌辞多写思妇之怨。李白此诗即拟其格而别有寄寓。

诗大致可分两段。一段从篇首至“美人如花隔云端”，写诗中人“在长安”的相思苦情。注意，这是“在长安”！“长安”在诗中是一个重要的符号，用以表明诗之寓托。诗中描绘的是一个孤栖幽独者的形象。他（或她）居处非不华贵——这从“金井阑”可以窥见，但内心却感到寂寞和空虚。作者是通过环境气氛层层渲染的手法，来表现这一人物的感情。先写所闻——阶下纺织娘凄切地鸣叫。虫鸣则岁时将晚，孤栖者的落寞之感可知。其次写肌肤所感，正是“霜送晓寒侵被”的时候，他更不能成眠了。“微霜凄凄”当是通过逼人寒气感觉到的，而“簟色寒”更暗示出其人已不眠而起。眼前是“罗帐灯昏”，益增愁思。一个“孤”字不仅写灯，也是人物心理写照，从而引起一番思念。“思欲绝”（犹言想煞人）可见其情之苦。于是进而写卷帷所见，那是一轮可望而不可即的明月呵，诗人心中想起什么呢，他发出了无可奈何的一声长叹。这就逼出诗中关键的一语：“美人如花隔云端。”“长相思”的题意到此方才具体表明。这个为诗中人想念的如花美人似乎很近，近在眼前；却到底很远，远隔云端。与月儿一样，可望而不可及。由此可知他何以要“空长叹”了。值得注意的是，这句是诗中唯一的单句，给读者的印象也就特别突出，可见这一形象正是诗人要强调的。

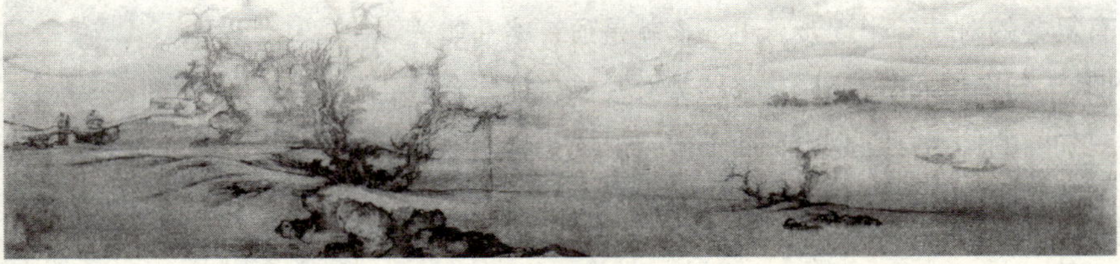

以下直到篇末便是第二段，紧承“美人如花隔云端”句，写一场梦游式的追求。这颇类屈原《离骚》中“求女”的一幕。“求女”乃是一个现成思路，作用仍在表明诗之寓托。诗中人梦魂飞扬，要去寻找他所思念的人儿。然而“天长地远”，上有幽远难极的高天，下有波澜动荡的渌水，还有重重关山，尽管追求不已，还是“两处茫茫皆不见”。这里，诗人的想象诚然奇妙飞动，而诗句的音情也配合极好。“青冥”与“高天”本是一回事，写“波澜”似亦不必兼用“渌水”，写成“上有青冥之高天，下有渌水之波澜”颇有犯复之嫌。然而，如径作“上有高天，下有波澜”（歌行中可杂用短句），却大为减色，怎么读也不够味。而原来带“之”字、有重复的诗句却显得音调曼长好听，且能形成咏叹的语感，正如《诗大序》所谓“嗟叹之不足，故永歌之”（“永歌”即拉长声调歌唱），能传达无限感慨。这种句式，为李白特别乐用，它如“蜀道之难难于上青天”、“弃我去者，昨日之日不可留；乱我心者，今日之日多烦忧”、“君不见黄河之水天上来”等等，句中“之难”、“之日”、“之水”从文意看不必有，而从音情上看断不可无，而音情于诗是至关紧要的。再看下两句，从语意看，词序似应作：天长路远关山难（度），梦魂不到（所以）魂飞苦。写作“天长路远魂飞苦，梦魂不到关山难”，不仅是为趁韵，且运用连珠格形式，通过绵延不断之声音以状关山迢递之愁情，可谓辞清意婉，十分动人。由于这个追求是没有结果的，于是诗以沉重的一叹作结：“长相思，摧心肝！”“长相思”三字回应篇首，而“摧心肝”则是“思欲绝”在情绪上进一步的发展。结句短促有力，给人以执著之感，诗情虽则悲恸，但绝无萎靡之态。

此诗形式匀称，“美人如花隔云端” 这个独立句把全诗分为篇幅均衡的两部分。前面由两个三言句发端，四个七言句拓展；后面由四个七言句叙写，两个三言句作结。全诗从“长相思”展开抒情，又于“长相思”一语收拢。在形式上颇具对称整饬之美，韵律感极强，大有助于抒情。诗中反复抒写的似乎只是男女相思，把这种相思苦情表现得淋漓尽致；但是，“美人如花隔云端”就不像实际生活的写照，而显有托兴意味。何况我国古典诗歌又具有以“美人”喻所追求的理想人物的传统，如《楚辞》“恐美人之迟暮”。而“长安”这个特定地点，“求女”这种现成思路，都暗示诗中包含政治托寓。径言之，此诗之大旨是写追求政治理想不能实现的苦闷。因此，这首诗的用意是深含于形象之中，隐然不露的，具备一种蕴藉的风度。所以王夫之赞此诗道：“题中偏不欲显，象外偏令有余，一以为风度，一以为淋漓，呜呼，观止矣。”（《唐诗评选》）

月　夜

（唐）◎杜　甫

今夜鄜州月，闺中只独看。可怜小儿女，未解忆长安。香雾云鬟湿，清辉玉臂寒。何日倚虚幌，双照泪痕干。

肃宗至德元载（756）八月陷贼中作。是年五月，杜甫携家避难鄜州（今陕西富县）寄家羌村，然后只身投奔行在，中途被叛军捕获，带到长安。

诗写日夜思家，一起即由“长安一片月”联想到“今夜鄜州月”，悬想妻子今夜对月的情景，强调的是一个“独”字，所谓“心已神驰到彼，诗从对面飞来”（浦起龙），通篇亦不从正面抒写，然已是彼此彼此。表现手法独具匠心。

次联忽从妻子说到小女儿，寓意特深。盖人处苦难，如果能从身边找到共同语言，也不失为一种安慰，然而妻的身边虽有儿女，可惜“儿女尚小，虽与言父在长安，全然不解”（《杜臆》），所以还是等于零，进一步证实了上句的“独”字。同时，天真的孩子不解忆长安，而在长安的父亲又怎能不忆及孩子呢？正因为孩子太小，才越招人惦记呀。正是“养儿才知父母情”呀。

“香雾云鬟湿，清辉玉臂寒”二句描画闺中望月人的形象，是诗中最为旖旎的笔墨，妙在无一字不从月下照出，朦朦胧胧，也是妻在诗人记忆中的模样。以“寒”、“湿”写秋月夜极切，而在诗人想象中，这月下的人还和自己一样默默垂泪。

于是诗人看着团奕的明月，萌生出强烈的与家人团聚的愿望。所谓“双照泪痕干”，不仅是想象妻子今夜垂泪，而且实写出自己此时垂泪。这里抒写的不是一般夫妻两地相思，据杜甫半年后追叙说“去年潼关破，妻子隔绝久”、“寄书与三川（羌村所在），不知家在否”、“几人全性命，尽室岂相偶”，读此便知此诗所写，实为天下乱离的悲哀，同时也流露出对四海清平的希望。

杜甫（712—770），字子美，河南巩县（今属河南）人。玄宗开元二十三年（735）举进士不第。天宝间困守长安十年，十四载（755）授河西尉不赴，改右卫率府兵曹参军。安史乱发，长安陷落，身陷贼中。至德二载（757）自贼中奔赴凤翔行在，授左拾遗。乾元元年（758）贬华州司功参军，次年弃官赴秦州，经同谷，到成都，于西郊建草堂。广德二年（764）剑南节度使严武荐为检校工部员外郎。永泰元年（765）离成都，至夔州（今四川奉节）。大历三年（768）出峡，辗转江湘，死于舟中。有《杜工部集》。

章台柳

（唐）◎ 韩　翃

章台柳，章台柳，往日依依今在否？纵使长条似旧垂，也应攀折他人手。

韩翃（？—？），字君平，南阳（今河南沁阳）人。“大历十才子”之一。玄宗天宝十三载（754）登进士第。肃宗宝应元年（762）在淄青节度使幕为从事，检校金部员外郎。代宗永泰初归朝，闲居达10年。大历间曾入汴宋节度使幕。德宗建中初（780）授驾部郎中知制诰，终中书舍人。有《韩君平集》。

这首著名的歌辞，是与一个小说故事有关的。并见于许尧佐传奇文《柳氏传》和孟棨《本事诗·情感第一》。今节录孟棨文，以供读者了解背景：“韩翃少负才名，天宝末，举进士。……邻有李将妓柳氏。李每至，必邀韩同饮。韩以李豁落大丈夫，故常不逆，既久愈狎。柳每以暇日隙壁窥韩所居，即萧然葭艾，闻客至，必名人，因乘间语李曰：‘韩秀才穷甚矣，然所与游必闻名人，是必不久贫贱，宜假借之。’李深颔之。间一日，具馔邀韩。酒酣，谓韩曰：‘秀才当今名士，柳氏当今名色，以名色配名士，不亦可乎？’……俄就柳居。来岁成名。后数年，淄青节度使侯希逸奏为从事。以世方扰，不敢以柳自随，置之都下，期至而迓之。连三岁，不果迓，因以良金灵练囊中寄，题诗曰：‘章台柳，章台柳。……’”

从本事知道，韩翃写这首诗，是在世乱中多次迎迓往日情人而不至的情况下，为试探对方情意而作的。如果用赋法直译，便是：“柳氏，柳氏，你今在何方？纵使你的芳姿如故，怕已依了别的情郎。”但直说如此，也就没有诗味了。高尔基曾经说过一段话，大意是只有给诗穿上美丽的外衣，才能博得听众。而这首词的最大优长，正在于此。

此诗一开始即用“章台柳”双关柳氏之姓及居处所在（长安），同时“柳”还兼有多重比义。一是兼关别离意绪；再就是所谓“蒲柳之姿，未老先衰”，兼关青春易逝。所以第二句便是“往日依依今在否”。这一问中，又信手拈来“昔我往矣，杨柳依依”(《诗经·小雅·采薇》)的古人好句，既暗示出柳氏当日风姿，又提心着她今日的境况，或许云鬓愁改了。以下两句却又退后一步说，即使她风姿依旧枳，就没有可忧的么？须知她是三年迎而不至，其中必有变故。于是写出词人第二重的担心：“也应攀折他人手。”这里妙在一以贯之，仍是用杨柳作比方，所谓“者人折了那人攀，恩爱一时间”，言下有无穷怨意。正由于词人给他的意念着上了如此美丽的外衣，才使它变得如此迷人，耐人玩味。

同时，诗中设置悬念，也增加了它的韵味。柳氏是否色衰，是一重悬念；柳氏是否变心，是又一重悬念，也是最关紧要的悬念。在说第一重悬念时，诗人用了问句，而说第二重悬念时则直接推测，颇具变化。故陈廷焯赞曰：“疑似之词，却说得婉折。”(《闲情集》卷一)柳氏的答词附后，以助读者之品味：“杨柳枝，芳菲节，可恨年年赠离别。一叶随风忽报秋，纵使君来岂堪折。”

题都城南庄

（唐）◎崔　护

去年今日此门中，人面桃花相映红。人面不知何处去，桃花依旧笑春风。

孟棨《本事诗·情感》云："博陵崔护，姿质甚美，而孤洁寡合。举进士下第。清明日独游都城南，得居人庄，一亩之宫而花木丛萃，寂若无人。扣门久之，有女子自门隙窥之，问曰：'谁耶？'以姓字对，曰：'寻春独行，酒渴求饮。'女入，以杯水至，开门设床命坐，独倚小桃斜柯伫立，而意属殊厚，妖姿媚态，绰有余妍。崔以言挑之，不对，目注者久之。崔辞去，送至门，如不胜情而入。崔亦睠盼而归，嗣后绝不复至。及来岁清明日，忽思之，情不可抑，迳往寻之。门墙如故，而已锁扃之。因题诗于左扉曰……"此则笔记当是据诗敷衍作诗本事，想当然耳。惟后文写女子死而复生，与崔结合，殊属节外生枝，故不录。

此诗构思，重在情景对比：即将"去年今日"与今年今日两个场景相衔接，以"桃花"写物是，以"人面"形人非，对生活中美好事物的逢而复失寄予感慨，颇具理趣。宋代欧阳修《生查子》词云："去年元夜时，花市灯如昼。月上柳梢头，人约黄昏后。今年元夜时，月与灯依旧。不见去年人，泪满春衫袖。"上下片分写"去年元夜时"、"今年元夜时"，寓物是人非之慨，就构思而言，乃依葫芦画瓢。

全篇一气呵成，情事历久弥新，其中关键词是"人面"、"桃花"，两词前总而后分——音情上的离合，与内容上的离合，配合微妙。"去年今日"作时间状语，本追忆"去年"，却立足"今日"；后文承前，略去"今年今日"之语，堪称省净。

崔护（？—？），字殷功，郡望清河东武城（今属山东）人。德宗贞元十二年（796）进士及第。宪宗元和元年（806）与元、白同登才识兼茂明于体用科。文宗大和三年（829）为京兆尹，同年七月为御史大夫、岭南节度使。《全唐诗》存诗6首。

怨诗

（唐）◎孟　郊

试妾与君泪，两处滴池水。看取芙蓉花，今年为谁死！

孟郊（751—814），字东野，湖州武康（今浙江德清）人。少隐嵩山，贞元十二年（796）登进士第，十六年任溧水尉，后辞官。曾任河南水陆运从事，试协律郎。宪宗元和九年（814）迁兴元军参谋，试大理评事，赴任时暴死途中。友人张籍等私谥贞曜先生。有《孟东野诗集》。

韩愈称赞孟郊为诗“刿目鉥心，刃迎缕解。钩章棘句，掐擢胃肾。神施鬼设，间见层出”（《贞曜先生墓志铭》）。说得直接点，就是孟郊爱挖空心思做诗；说得好听点，就是讲究艺术构思。

艺术构思是很重要的，有时竟是创作成败的关键，比方说写女子相思的痴情，是古典诗歌中最常见的主题，不同诗人写来就各有一种面貌。薛维翰《闺怨》：“美人怨何深，含情倚金阁。不笑不复语，珠泪纷纷落。”从落泪见怨情之苦，构思未免太平，不够味儿。李白笔下的女子就不同了：“昔日横波目，今成流泪泉。不信妾肠断，归来看取明镜前。”（《长相思》）也写掉泪，却以“代言”形式说希望丈夫回来看一看，以验证自己相思的情深，全不想到那人果能回时，“我”得破涕为笑，岂复有泪如泉？可这傻话正表现出十分的情痴，够意思的。但据说李白的夫人看了这首诗，说：“君不闻武后诗乎？‘不信比来常下泪，开箱验取石榴裙’。”使“太白爽然若失”（见《柳亭诗话》）。

孟郊似乎存心要与前人争胜毫厘，写下了这首构思堪称奇特的“怨诗”。他也写了落泪，但却不是独自下泪了；也写了验证相思深情的意思，但却不是唤丈夫归来“看取”或“验取”泪痕了。诗也是代言体，诗中女子的话却比武、李诗说得更

痴心、更傻气。她要求与丈夫(她认定他一样在苦苦相思)来一个两地比试,以测定谁的相思之情更深。相思之情,是看不见,摸不着,没大小,没体积,不具形象的东西,测定起来还真不容易。可女子想出的比试法儿却是多么奇妙。她天真地说:试把我们两个人的眼泪,各自滴在莲花(芙蓉)池中,看一看今夏美丽的莲花为谁的泪水浸死。显然,在她心目中看来,谁的泪更多,谁的泪更苦涩,莲花就将"为谁"而"死"。那么,谁的相思之情更深,自然也就测定出来了。这是多么傻气的话,又是多么天真可爱的话!池中有泪,花亦为之死,其情之深真可"泣鬼神"了。这一构思使相思之情形象化,那出污泥而不染的"芙蓉花",将成为可靠的见证。李白诗云:"昔日芙蓉花,今为断肠草。"可见"芙蓉"对相思的女子,亦有象征意味。这就是形象思维。但不是痴心人儿,谅你想象不到。

"换你心,为我心,始知相忆深"(顾敻《诉衷情》),自是透骨情语,孟郊《怨诗》似乎也说着同一个意思,但他没有以直接的情语出之,而假景语以行。然而"一切景语皆情语"(王国维《人间词话》),这样写来更饶有回味,其艺术构思不仅是独到的,也是成功的。诗的用韵上也很考究,它没有按通常那样采用平调,而用了细微的上声"纸"韵相叶,这对于表达低抑深思的感情是相宜的。

踏歌词

（唐）◎ 刘禹锡

春江月出大堤平，堤上女郎连袂行。唱尽新词欢不见，红霞映树鹧鸪鸣。

刘禹锡（772—842），字梦得，匈奴血统，祖上于北魏孝文帝时改汉姓，入洛阳籍。贞元九年（793）与柳宗元同榜登进士第，同年又登博学宏词科。永贞革新时为屯田员外郎，后贬朗州（今湖南常德）司马。元和十年（815）召还长安，复出为连州（今广东连县）刺史。敬宗宝历二年（826）还洛阳。开成元年（836）以太子宾客分司东都，与白居易颇多唱和，编为《刘白唱和集》。有《刘宾客集》。

在我国西南民间，对歌的风俗自古就很盛。刘禹锡谪居巴楚间的诗作中就有这种民俗的描写，《踏歌词》第一首就是。踏歌是不用伴奏、踏地以为拍节的徒歌，是民歌的一种唱法。

首句以景起兴。春江水涨，几乎平堤。尤其在月下，堤面和江面都明晃晃连成一片，更给人水与堤平的感觉。“大堤平”三字，不仅写出江水上涨，大堤平宽，还写出月色的皎洁。就在这样的春江月夜，堤上走着成队的“女郎”。她们都是生在村野的民间姑娘，是趁月圆之夜“踏歌”来的。她们初来的情态是彼此偎靠连袂而行，既兴奋，又含几分娇羞。

一、二句写“春江月出”，是暮色；三、四句写到“红霞映树”，是拂晓，其间有较长的时间跨度，省去了一些情事。从三句的“唱尽新词”和“欢”等字样看，省去的正是“新词宛转递相传”的对歌情景。民间对歌，词儿大多是即兴新编，言为心声，所以是“新词”。“欢”则是女方所悦的男子，即对歌的另一方。歌声一起，姑娘们就放开了，不再含羞。到后来，新词唱尽，便与所欢相就。所以同组其三就写道：“月落乌啼云雨（指男女情）散，游童陌上拾花钿。”

在这样美丽的夜晚并非十全十美，有人找到情侣，同时也有人找不到。三、四句正是这样一个特写的镜头。它表现的并不是全部的女郎而是其中的某一个。在别人都凭歌为媒，会到自己所“欢”的当儿，她却是“唱尽新词欢不见”，尝到了失望的滋味。但她仍旧怀着希望，一直等到“红霞映树”的早晨。

小伙子最后来了没有？“鹧鸪鸣”声似乎有所暗示。然而终究是个谜，有两种猜法。鹧鸪雄雌和鸣，也许暗示姑娘终于等到了自己的心爱。但也可以是相反，这双双鸟儿和鸣之声反衬出她的烦恼。由于使用了省略和暗示的语言，使得此诗意境灵活，颇耐含咀，“诗无达诂”的现象往往就是这样产生的。

竹枝词（录三）

（唐）◎ 刘禹锡

杨柳青青江水平，闻郎江上唱歌声。东边日出西边雨，道是无晴却有晴。

山桃红花满上头，蜀江水暖拍山流。花红易衰似郎意，水流无限似侬愁。

山上层层桃李花，云间烟火是人家。银钏金钗来负水，长刀短笠去烧畬。

长庆二年(822)，刘禹锡任夔州刺史期间，闻当地民歌《竹枝》，“含思宛转，有淇澳之艳音”，其词不甚雅驯，乃效屈原《九歌》，作《竹枝词》九首外二首。兹录三首。按刘诗中歌词甚多，佳者如：

九曲黄河万里沙，浪淘风簸自天涯。如今直上银河去，同到牵牛织女家。(《浪淘沙》)

新词宛转递相传，振袖倾鬟风露前。月落乌啼云雨散，游童陌上拾花钿。(《踏歌词》)

所有这些歌词，皆深得民歌神髓。何以言之？首先，它们是地道的情歌。民歌自称“无郎无姊不成歌”，在民间流行最广、数量最多、功能最大(为男女架桥)、美感最强的民歌或山歌，便是情歌。与文人爱情诗(如元稹、李商隐诗)不同，民间劳

动男女的爱情思想，较少受封建礼教扭曲，大抵是心想口说，敢说敢作，所以比较自由、活泼、单纯、健康。因而在某种意义上可以说，民歌是进行美育的最好教材。刘禹锡的这些拟民歌都不是写文人的爱情生活，而是描写民间男女的爱情，所以比较元稹、李商隐爱情诗，独有桑间濮上之音，即民间生活气息。

这些诗还表现了民间对歌的风俗，如前面选讲到的“春江月出大堤平”一首中女郎通过唱歌来表达情意；“杨柳青青江水平”一首中女郎从闻歌揣测对方情意，这诗将初恋少女对爱人情意把握不定（所谓“像雾像雨又像风”），心中不够踏实的心情表现得惟妙惟肖。“山上层层桃李花”一首表面上写的是劳动，未言及情，然而细看“银钏金钗”、“长刀短笠”，一女一男，大有意味，唱的却是《天仙配》——“你耕田来我织布，你挑水来我浇园”，是一种极美满的小家庭生活。

其次是多用比兴手法。民歌大都为劳动者即兴创作，往往触物起情，兴语多就地取材，刘禹锡《竹枝词》等拟民歌就具有民歌的这一本色，“山桃红花满上头”、“山上层层桃李花”、“杨柳青青江水平”皆是先言春景，以引起所咏之词；兴象妍美而外，复多巧比妙喻，如“山桃红花满上头”中以“花红易衰”比男子薄幸，以“水流无尽”比女方怨思，一反通常所谓“落花有意，流水无情”的习惯用喻，极有新意。

再次是多用谐音双关。这是民歌尤其是六朝民歌常用的手法，《竹枝词》有极富新意的运用，如“东边日出西边雨，道是无晴却有晴”，这既是以谐音双关“无情”、“有情”；同时又有以天气的变幻不定，形容对方态度的不够明朗，不好把握的喻义成分。谢榛谓此二句“措辞流丽，酷似六朝”，就是指它与六朝民歌多用谐音双关语暗示男女恋情手法酷似。

望夫山

（唐）◎ 刘禹锡

终日望夫夫不归，化为孤石苦相思。望来已是几千载，只似当时初望时。

传说古时候有一位妇女思念远出的丈夫，立在山头守望不回，天长日久竟化为石头。这个古老而动人的传说在民间极为流行。此诗所指的望夫山，在今安徽当涂县西北，唐时属和州。此诗题下原注“正对和州郡楼”，可见作于刘禹锡和州刺史任上。

全诗紧扣题面，通篇只在“望”字上做文章。“望”字三见，诗意也推进了三层。一、二句从“望夫石”的传说入题，是第一层。“终日”即从早到晚，又含日复一日时间久远之意。可见“望”者一往情深；“望夫”而“夫不归”，是女子化石的原因。“夫”字叠用形成句中顶针格，意转声连，便觉节奏舒徐，音韵悠扬。次句重在“苦相思”三字，正是“化为石，不回头”（王建《望夫石》），表现出女子对爱情的忠贞。

“望来已是几千载”，比“终日望夫”意思更进一层。望夫石守候山头，风雨不动，几千年如一日——这大大突出了那苦恋的执著。“望夫”的题意至此似已淋漓尽致，殊不知在写“几千载”久望之后，末句突然出现“初望”二字。这出乎意外，又尽情入妙。古话说“白头如新”，此诗后二句意近之。因为“初望”的心情最迫切，写久望只如初望，有力地表现了相思之情的真挚和深切，这里“望”字第三次出现，把诗情引向新的高度。三、四句层次上有递进关系，但通过“已是”与“只似”虚词的呼应，又有一气呵成之感。

这首诗是深有寓意的。刘禹锡在永贞革新运动失败后，政治上备受打击和迫害，长流远州，思念京国的心情一直很迫切。此诗即借咏望夫石寄托这种情怀，诗意并不在题中。同期诗作有《历阳书事七十韵》，其中“望夫人化石，梦帝日环营”两句，就是此诗最好的注脚。纯用比体，深于寄意，是此诗写作上第一个特点。

此诗用意虽深，语言却朴质无华。“望”字一篇之中凡三致意，诗意在用字重复的过程中步步深化。这种反复咏叹突出主题的手法，形象地再现了作者思归之情，含蓄地表达了他坚贞不渝的志行，柳宗元《与浩初上人同看山寄京华亲故》：“若为化得身千亿，散作峰头望故乡。”与此诗有相同的寄意。但柳诗“望故乡”用意显而诗境刻意造奇；此诗不直接写“望故乡”之意，却通过写石人“望夫”，巧妙地传达出来，用意深而具有单纯明快之美。陈师道因而称赞它“语虽拙而意工”。这是此诗写作上又一特点。

综上两方面，可以说此诗体现了刘禹锡绝句能将深入与浅出高度统一的艺术优长。

柳枝词

（唐）◎ 刘禹锡

清江一曲柳千条，二十年前旧板桥。曾与美人桥上别，恨无消息到今朝。

这首《柳枝词》，明代杨慎、胡应麟誉之为神品。它有三妙。

故地重游，怀念故人之意欲说还休，尽于言外传之，是此诗的含蓄之妙。首句描绘一曲清江，千条碧柳的清丽景象。"清"一作"春"，两字音韵相近，而杨柳依依之景自含"春"意，"清"字更能写出水色澄碧，故作"清"字较好。"一曲"犹一湾。江流曲折，两岸杨柳沿江迤逦展开，着一"曲"字则画面生动有致。旧诗写杨柳多暗关别离，而清江又是水路，因而首句已展现一个典型的离别环境。次句撇景入事，点明过去的某个时间（二十年前）和地点（旧板桥），暗示出曾经发生过的一桩旧事。"旧"字不但见年深岁久，而且兼有"故"字意味，略寓风景不殊人事已非的感慨。

前两句从眼前景进入回忆，引导读者在遥远的时间上展开联想。第三句只浅浅道出事实，但由于读者事先已有所猜测，有所期待，因而能用积极的想象丰富诗句的内涵，似乎看到这样一幅生动画面：杨柳岸边兰舟催发，送者与行者相随步过板桥，执手无语，充满依依惜别之情。末句"恨"字略见用意，"到今朝"三字倒装句末，意味深长。与"二十年前"照应，可见断绝消息之久，当然抱恨了。只说"恨"对方杳无音信，却流露出望穿秋水的无限情思。此诗首句写景，二句点时地，

三、四句道事实，怀思故人之情欲说还休，“悲莫悲兮生别离”的深沉幽怨，尽于言外传之，真挚感人。可谓“用意十分，下语三分”，极尽含蓄之妙。

运用倒叙手法，首尾相衔，开阖尽变，是此诗的章法之妙。它与《题都城南庄》（崔护）主题相近，都用倒叙手法。崔诗从“今日此门中”忆“去年”情事，此诗则由清江碧柳忆“二十年前”之事，这样开篇就能引人入胜。不过，崔诗以上下联划分自然段落，安排“昔——今”两个场面，好比两幕剧。而此诗首尾写今，中二句写昔，章法为“今——昔——今”，婉曲回环，与崔诗异趣。此诗篇法圆紧，可谓曲尽其妙。

白居易有《板桥路》云：“梁苑城西二十里，一渠春水柳千条。若为此路今重过，十五年前旧板桥。曾共玉颜桥上别，恨无消息到今朝。”唐代歌曲常有节取长篇古诗入乐的情况，此《杨柳曲》可能系刘禹锡改白居易作付乐妓演唱。

诗歌对精炼有特殊要求，往往“长篇约为短章，含蓄有味；短章化为大篇，敷衍露骨”（明谢榛《四溟诗话》）。《板桥路》前四句写故地重游，语多累赘。“梁苑”句指实地名，然而诗不同于游记，其中的指称、地名不必坐实。篇中既有“旧板桥”，又有“曾共玉颜桥上别”，则“此路今重过”的意思已显见，所以“若为”句就嫌重复。删此两句构成入手即倒叙的章法，改以写景起句，不但构思精巧而且用语精炼。《柳枝词》词约义丰，结构严谨，比起《板桥路》可谓青出于蓝而胜于蓝。刘禹锡的绝句素有“小诗之圣证”（王夫之）之誉，《柳枝词》虽据白居易原作剪裁，却表现出独到的匠心。

潇湘神二首

（唐）◎ 刘禹锡

湘水流，湘水流，九疑云物至今秋。若问二妃何处所，零陵芳草露中愁。

斑竹枝，斑竹枝，泪痕点点寄相思。楚客欲听瑶瑟怨，潇湘深夜月明时。

湘水与潇水在湖南零陵（永州）合流，称为潇湘。“潇湘神”即传说中的唐尧二女，娥皇与女英，为虞舜的二妃。“舜践帝位三十九年，南巡狩，崩于苍梧之野，葬于江南九疑”（《史记·五帝本纪》）。娥皇、女英随舜不返，没于湘水之渚，成为湘水之神。这段神话传说，从屈原以来，就是诗人词客歌咏的题材。永贞革新失败后，刘禹锡贬朗州司马，地在沅湘间，有感于屈原学习民歌作《九歌》之事，写作了《竹枝词》及此调。这两首词都紧扣二妃的传说落笔，颇得骚人遗意。

“湘水流，湘水流”叠句唱叹，联系二妃的传说，使人感到那不断流淌的不只是江水，“是侬泪成许”耶？九疑山，在今湖南宁远县南六十里，其中有以娥皇、女英名峰者。古人总是把她们的故事与秋天连在一起的：“袅袅兮秋风，洞庭波兮下。”（屈原《九歌·湘夫人》）大约这与秋天象征着离别衰落有关。词人强调“至今秋”，也就给这个古老的故事赋予永葆新鲜的魅力。二妃是追舜没于水滨而不返的。所以作为湘水之神的形象，也是游踪不定的魂灵。郭沫若的《湘累》中就写到她们追寻舜帝之苦：“我们为了他——泪珠儿都流尽了，我们为了他——寸心儿早破碎了。层层锁着的九嶷山上的白云哟！微微波着的洞庭湖中的流水哟！你们知不知道他？知不知道他的所在哟？”白云和流水是不能回答问题的，而二妃的魂

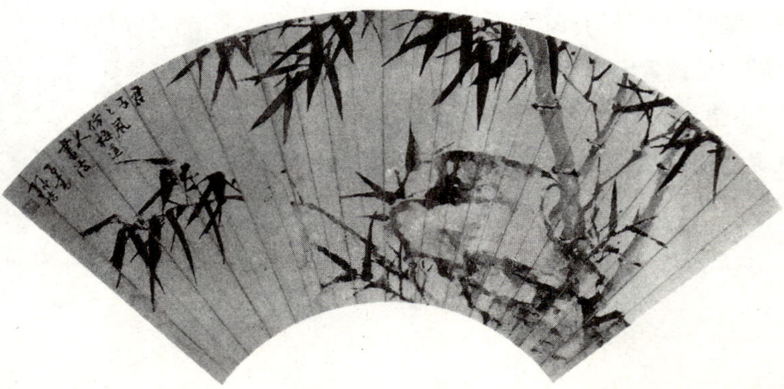

游也没有定在。刘禹锡词中恰好也问了这样一个问题:“若问二妃何处所?”“零陵芳草”回答不了,只好露中发愁。

第二首与前一首在词意上是连续的。它一开始就用上了更富于诗意的民间传说。晋张华《博物志》载:“洞庭之山,帝之二女啼,以涕挥竹,竹尽斑。”《太平御览》卷九六二引南朝任《述异记》则云:“舜南巡不返,没,葬于苍梧之野。尧之二女娥皇、女英赶之不及,相思恸哭,泪下沾竹,文悉为之斑斑然。”可知斑竹上的泪痕,仍是湘妃哭舜的相思泪痕。所以此词一开始就咏叹道:“斑竹枝,斑竹枝,泪痕点点寄相思。”以下又联想到另一个传说,据说湘灵还善于鼓瑟,那瑟声竟不胜清怨,特别是在月夜,能使大雁为之不飞(钱起《归雁》)。《楚辞·远游》有“使湘灵鼓瑟”之句,唐时有《湘灵鼓瑟》的省试题目,可见此说源远流长。因此词末二句写道:“楚客欲听瑶瑟怨,潇湘深夜月明时。”这境界,使人想起温庭筠后来写的《瑶瑟怨》:“冰簟银床梦不成,碧天如水夜月轻。雁声远过潇湘去,十二楼中月自明。”可谓清绝、怨绝。

两首词由于融入了民间传说,意境优美,情调缠绵,自称绝唱。但问题在于此诗仅仅是发思古之幽情么?知人论世,恐不尽然。刘禹锡当时贬在湘南,有如屈原的被放,心情并不平静,他有感于舜与湘妃的传说,亦非偶然。盖唐高祖号神尧皇帝,太宗受内禅,杜甫《同诸公登慈恩寺塔》即称之“虞舜”。而从屈原以来,就形成了夫妇关系喻君臣的比兴传统。因此,说《潇湘神》在歌咏舜及二妃的传说时,隐托着词人对政治清明的太宗时代的怀念,及对中唐现实的殷忧,当不是无根之辞吧?

花非花

(唐)◎ 白居易

花非花,雾非雾,夜半来,天明去。来如春梦几多时?去似朝云无觅处。

白居易(772—846),字乐天,晚号香山居士,又号醉吟先生,下邽(今陕西渭南)人。先世本龟兹人,汉时赐姓白氏。德宗贞元十六年(800)登进士第,十九年中书判拔萃科,授秘书省校书郎。宪宗元和十年(815)一度被贬江州司马。晚年以太子宾客分司东都,武宗会昌二年(842)以刑部侍郎致仕。有《白居易集》(《白氏文集》)。

白居易诗不仅以语言浅近著称,其意境亦多显露。这首"花非花"却颇有些"朦胧"味儿,在白诗中确乎是一个特例。

诗取前三字为题,近乎"无题"。首二句应读作"花——非花,雾——非雾",先就给人一种捉摸不定的感觉。"非花"、"非雾"均系否定,却包含一个不言而喻的前提:似花、似雾。因此可以说,这是两个灵巧的比喻。苏东坡似从这里获得一丝灵感,写出了"似花还似非花,也无人惜从教坠"(《水龙吟》)的名句。苏词所咏为杨花柳絮,而白诗所咏何物未尝显言。

单看"夜半来,天明去",颇使读者疑心是在说梦。但从下句"来如春梦"四字,可见又不然了。"梦"原来也是一比。这里"来"、"去"二字,在音情上有承上启下作用,由此生发出两个新鲜比喻。"夜半来"者春梦也,春梦虽美却短暂,于是引出一问:"来如春梦几多时?""天明"见者朝霞也,云霞虽美却易幻灭,于是引出一叹:"去似朝云无觅处。"

诗由一连串比喻构成,这叫博喻。它们环环紧扣,如云行水流,自然成文。反复以鲜明的形象比譬一个未尝点明的本体。诗词中善用博喻者不乏其例,如《古诗十九首》(明月皎夜光)之"南箕北有斗,牵牛不负轭",贺铸《青玉案》的"一川烟草,满城风絮,梅子黄时雨"。但这些博喻都不过是诗词中一个组成部分,像此诗通篇用博喻构成则罕见。再者,前一例用南箕、北斗、牵牛等星象作比,喻在"虚名复何益";后一例用烟草、风絮、梅雨等景象作比,喻在"借问闲愁都几许",其本体(被喻之物)都是明确的。而此诗只见喻体(用作比喻之物)而不知本体,就像一个耐人寻思的谜。从而诗的意境也就蒙上一层"朦胧"的色彩了。

虽说如此,但此诗诗意却并不完全隐晦到不可捉摸。它被作者编在集中"感伤"之部,同部还有情调接近的作品。一是《真娘墓》,诗中写道:"霜摧桃李风折

莲，真娘死时犹少年。脂肤荑手不坚固，世间尤物难留连。难留连，易销歇，塞北花，江南雪。”另一首是《简简吟》，诗中写到：“二月繁霜杀桃李，明年欲嫁今年死”，“大都好物不坚牢，彩云易散琉璃碎。”二诗均为悼亡之作，它们末句的比喻，尤其是那“易销歇”的“塞北花”和“易散”的“彩云”，与此诗末二句的比喻几乎一模一样，连音情都逼肖的，二诗都同样表现出一种对于生活中存在过、而又消逝了的美好的人与物的追念、惋惜之情。而《花非花》一诗于集中紧编在《简简吟》之后，更告诉读者关于此诗归趣的一个消息。此诗大约与《简简吟》属同类性质的作品。

此诗运用三字句与七字句轮换的形式（这是当时民间歌谣三三七句式的活用），兼有节律整饬与错综之美，极似后来的小令。所以后人竟采其句法为词调，而以“花非花”为调名。词对五七言诗在内容上的一大转关，就在于更倾向于人的内在心境的表现。此诗亦如之。这种“诗似小词”的现象，出现在唐代较早从事词体创作的诗人白居易笔下，是不足为奇的。

长相思

（唐）◎ 白居易

汴水流，泗水流，流到瓜洲古渡头。吴山点点愁。　　思悠悠，恨悠悠，恨到归时方始休。月明人倚楼。

“月明人倚楼”一句虽在篇末，却是一篇之关纽。

古汴水发源于河南，东流至徐州，汇入泗水，与运河相通，经扬州南面的瓜洲渡而流入长江。倚楼人的丈夫或即从这一水路到吴地经商，至今未回。无怪她看吴山点点，无一非愁。

汴、泗二水，至瓜洲渡入长江，总算有了一个交代。而倚楼人悠悠之思、悠悠之恨，却没个交代，除非是那人从吴地回来，给它划上一个句号。

词中多用叠字、接字，尤其多用在脚韵处，不但读来有明珠走盘之感，对于表达倚楼人绵绵不断的愁情，亦有点染之功。

采莲子

（唐）◎ 皇甫松

船动湖光滟滟秋，贪看年少信船流。无端隔水抛莲子，遥被人知半日羞。

皇甫松（？—？），字子奇，自称檀栾子。睦州新安（今浙江淳安）人，皇甫湜之子。《全唐诗》存诗词27首。

该词采用了非常切题的写法，韵律方面全似一首七言绝句。词写采莲女荡舟于秋天的湖上，遇见一位美少年，或者说靓哥吧，不禁心生爱慕，心动神摇起来。她看着看着，忘了采莲，任随莲舟飘荡，于不知不觉中竟然将莲子抛向对方，“莲子”谐音双关，即有“爱你”的意思。被人看破心思，她又顿觉不好意思，可能面红耳赤，可能低头掩面，也可能匆忙逃离。这位采莲女受礼教的束缚较少，天真自然，非常可爱。此景此情大有南朝民歌的风味。况周颐在《餐樱庑词话》中称赞：“写出闺娃稚憨情态，匪夷所思，是何笔妙乃尔。”此说甚是。该词妙在“无端隔水抛莲子”，妙在“无端”。“无端”者，无来由，自己都搞不清是怎么回事者也。她是在潜意识的驱使下才抛莲子的，可谓不由自主，身不由己，这一举动暴露了少女内心的隐秘：她渴望引起对方的注意，渴望与对方亲近，渴望与对方发生一点什么事情。此“无端”最有情味，最值得细细揣摩。作者观察细微，体情入妙，方有此神来之笔。“遥被人知半日羞”，她到底是个淳朴的少女，她的内在要求与礼教道德发生了小小的冲突，当她意识到这一点，结果就是羞涩。羞涩是一种拘谨和掩盖，一种“道德和审美反射”，自我监督的表现。康德写道：“羞涩是大自然的某种秘密，用来抑制放纵的欲望；它顺乎自然的召唤，但永远同善、德行和谐一致，即使在它太过分的时候也仍旧如此。”（转引自瓦西列夫《情爱论》）羞涩给少女蒙上一层神秘的面纱，然而又是那样的可爱。

在浩如烟海的诗词作品中，写“男悦女貌”的作品屡见不鲜，而写“女悦男貌”的作品曾不多见。南朝民歌《白石郎曲》是其一：“积石如玉，列松如翠。郎艳独绝，世无其二。”不过赞叹的是男神的美貌，表现为“女悦男鬼”。皇甫松《采莲子》却是写“女悦男貌”的，因而特别。说也奇怪，与皇甫松同时代的温庭筠与韦庄各有一首类似的词。温庭筠《南歌子》：“手里金鹦鹉，胸前绣凤凰。偷眼暗形相。不如从嫁与，作鸳鸯。”韦庄《思帝乡》：“春日游，杏花吹满头。陌上谁家年少，足风流。妾拟将身嫁与，一生休。纵被无情弃，不能羞。”温词与韦词均直接表露女子的心思，皇甫松却是从无意识的角度来写，更显风流蕴藉。如果说温词与韦词是写“女悦男貌”的佳作，皇甫松词则是杰作。

有所思

（唐）◎卢　仝

卢仝（775？—835），自号玉川子，范阳（今河北涿州）人。终生未仕。有《玉川子诗集》。

当时我醉美人家，美人颜色娇如花。今日美人弃我去，青楼珠箔天之涯。天涯娟娟姮娥月，三五二八盈又缺。翠眉蝉鬓生别离，一望不见心断绝。心断绝，几千里，梦中醉卧巫山云，觉来泪滴湘江水。湘江两岸花木深，美人不见愁人心。含愁更奏绿绮琴，调高弦绝无知音。美人兮美人，不知为暮雨兮为朝云？相思一夜梅花发，忽到窗前疑是君。

这是一首艳情诗。写男子对女子的相思，优柔婉转，痴心一片。诗的起首只言在美人家醉倒，至于怎样相爱则略而不谈，含不尽之意见于言外。接着写美人抛弃了他，远赴天涯海角；也有可能是作者有所顾虑，虚晃一招，故意把她写远。总之，美人给男子留下无尽的思念，诗的主体部分就层层展开男子的相思之情，最后写因相思而神思恍惚，怀疑梅花即是对方的倩影，神来之笔。朱自清说："中国缺少情诗，有的只是'忆内'、'寄内'或曲喻隐指之作，坦率的告白恋爱者绝少，为爱情而歌咏爱情的更是没有。"（《〈中国新文学大系·诗集〉导言》）其原因在于，古代诗人碍于儒家的伦理道德，所谓"思无邪"，"发乎情，止于礼义"，涉及男女私情都一本正经，不敢稍越轨道。应该说，卢仝的《有所思》做到了"告白"的一步，是朱自清所说的"绝少"者之一，这就显得难能可贵。

虽写相思，仍然哀而不伤，不像后来姜夔的情词、黄仲则的情诗那般凄恻。"文变染乎世情，兴废系乎时序"（《文心雕龙·时序》），中唐虽然在走下坡路，但《有所思》仍是唐音，颇有风流磊落之气。虽然卢仝的诗风以怪异著称，也有"白玉璞里斫出相思心，黄金矿里铸出相思泪"（《与马异结交诗》）之类险怪诗句，但这首诗平易通脱，爽朗自然。另外，句式的长短结合，顶针格的运用，韵脚较快的转换，使其轻快流丽，在一定程度上冲淡了感伤情调，让人只觉其美，不觉其悲。

遣悲怀三首

（唐）◎元　稹

谢公最小偏怜女，嫁与黔娄百事乖。顾我无衣搜荩箧，泥他沽酒拔金钗。野蔬充膳甘长藿，落叶添薪仰古槐。今日俸钱过十万，与君营奠复营斋。

昔日戏言身后意，今朝都到眼前来。衣裳已施行看尽，针线犹存未忍开。尚想旧情怜婢仆，也曾因梦送钱财。诚知此恨人人有，贫贱夫妻百事哀。

闲坐悲君亦自悲，百年都是几多时。邓攸无子寻知命，潘岳悼亡犹费词。同穴窅冥何所望，他生缘会更难期。唯将终夜长开眼，报答平生未展眉。

元稹在后世往往有无行之讥，或谓其巧宦巧婚，自私自利。其实问题的关键，并不在他比一般士大夫更为无行，而在于他写了脍炙人口的艳诗和悼亡诗，表明他曾爱了一个女人，娶了另一个女人。李太白写“千金骏马换小妾”却不写情诗，人们不说他无行；白居易多的是赠酬歌妓之作，而不写情诗，人们不说他无行；刘禹锡写民间情歌，人们更不会说他无行；李商隐比较危险，写情诗然而本事朦胧，无从索隐，所以也不好说他无行。唯独元稹的情诗写得太明白，人们很容易就考证出他的恋爱史，而无法容忍写情诗的诗人同时是个负心的人，再加上把这个与他

元稹（779—831），字微之，洛阳（今属河南）人，北魏鲜卑族拓跋部后裔。八岁丧父，依倚舅族。德贞元九年（793）明经擢第，十五年（799）初仕河中府。与白居易同年登书判拔萃科，授秘书省校书郎。宪宗元和元年（806），与白居易同登才识兼茂明于体用科，列名第一。穆宗长庆二年（822）以工部侍郎同平章事。有《元氏长庆集》。

后半生的官场钻营联系起来，也就更易上纲上线。

然而就诗论诗，元稹情诗称得上佳作。原因之一是情感内容的真挚。元稹情诗大都是回忆往事的产物，即在回忆中咀嚼过往的情绪，所以其内容多为伤逝、怀旧、悼亡，其中不乏忏悔之情，这些情感内容本来就不同于生活真实，是经过升华、提炼出的纯情，极易引起美感与共鸣。

二是写出了女性的可爱。元稹情诗所怀二人，属于不同类型的两种女性——艳诗所怀之双文女士，是一位才貌双全、情有独钟而命运不幸的女性，固然有值得读者深切同情和倾慕之处。悼亡诗所怀之韦丛夫人，虽文化不高，却是一位善良的主妇和一位贤惠的妻子，“悼亡诸诗所以特为佳作者，直以韦氏之不好虚荣，微之之尚未富贵。贫贱夫妻，关系纯洁，因能措意遗词，悉为真实之故”（陈寅恪）。

三是素朴而自然的描写。元稹情诗的好处是工于白描，长于生活细节的描写——如“顾我无衣搜荩箧，泥他沽酒拔金钗。野蔬充膳甘长藿，落叶添薪仰古槐”、“衣裳已施行看尽，针线犹存未忍开。尚想旧情怜婢仆，也曾因梦送钱财”（见其人之乐善好施）、“检得旧书三四纸”全篇（关怀体贴中见夫妇相濡以沫的关系）、“昔日戏言身后意，今朝都到眼前来”（戏言容易、经过方知滋味之难受也）、“闲读道书慵未起（心不在焉也），水精帘下看梳头”等，是可以从诗想见诗中人的。

四是言出于衷，颇有警句，如“今日俸钱过十万，与君营奠复营斋”（宋欧阳修《泷冈阡表》云“祭而丰，不如养之薄也”，事异而情同）、“诚知此恨人人有，贫贱夫妻百事哀”（回首患难夫妻寻常细事，但觉事事可哀，而当时不觉也）、“唯将终夜长开眼，报答平生未展眉”（“长开眼”对“未展眉”，造语寻常本色中见奇崛匠心，意谓彻夜失眠，为伊憔悴，终不悔也）等等。情语而有警句，更易流传。

离　思

（唐）◎元　稹

曾经沧海难为水，除却巫山不是云。取次花丛懒回顾，半缘修道半缘君。

作于元和五年（810）贬官江陵府士曹参军时。诗为旧日情人双文而作，有《梦游春七十韵》可参：“最似红牡丹，雨来春欲暮。梦魂良易惊，灵境难久寓。夜夜望天河，无由重沿溯。结念心所期，反如禅顿悟。觉来八九年，不向花丛顾。”作者自弃双文至娶韦丛，其间正好八九年。

诗的前两句脍炙人口。首先是很有气势，又是沧海，又是巫山，而且朗朗上口，让人一读就喜欢。按，出句语本《孟子·尽心》：“观于海者难为水，游于圣人之门者难为言。”张鷟《游仙窟》亦有“沧海之中难为水，霹雳之后难为雷”之句，大约是唐时习语。对句语本宋玉《高唐赋序》，赋谓巫山朝云乃神女所化，茂如松葙，美若娇姬，所以作者说相形之下，别处的云都黯然失色。

其次是用隐喻、象征的手法，刻画出一个人深爱另一个人的精神状态——绝对的，专一的，排他的，可谓爱情到位，难于别恋。元稹诗中的名句，一般是以白描、纪实见长的，唯独这一联包蕴密致，运用了象征手法，是可以称为著李商隐之先鞭的。其象征意蕴甚至不限于爱情，可以作更为广意的引申。

至于后两句，清人秦某《消寒诗话》不满于“半缘君”的“半”字，讥为薄情。殊不知另一半“修道”也还是“缘君”，并无二意。用一半加一半的说法，表现欲忘情而不能的心境，更觉唱叹有情。这一特殊句法，到元曲家手中，竟发展出了《一半儿》的曲牌，其末句皆祖此诗。

例如：“碧纱窗外静无人，跪在床前忙要亲；骂了个负心回转身，虽是我话儿嗔，一半儿推辞一半儿肯。”（关汉卿《题情》）“梨花云绕锦香亭，蛱蝶春融软玉屏。花外鸟啼三四声，梦初惊，一半儿昏迷一半儿醒。”（查德卿《拟美人》）“泪痕香沁污鲛绡，墨迹淋漓损兔毫。心事渺茫云路遥，念奴娇，一半儿行书一半儿草。”（佚名《开书》）

节妇吟

（唐）◎张　籍

张籍（768？—830？），字文昌，祖籍吴郡（今江苏苏州），后移居和州（今安徽和县）。德宗贞元十五年（799）登进士第。历任太常寺太祝、国子助教、国子博士、水部员外郎、主客郎中、国子司业。世称张水部、张司业。有《张司业集》。

君知妾有夫，赠妾双明珠。感君缠绵意，系在红罗襦。妾家高楼连苑起，良人执戟明光里。知君用心如日月，事夫誓拟同生死。还君明珠双泪垂，恨不相逢未嫁时。

宪宗元和时，李师道割据今山东、河北地，任平卢淄青节度使，十一年（816）加官检校司空，十四年被杀。此诗当作于此数年间。时张籍任国子助教。诗所描写表面上是男女爱情，实际上是谢绝李师道的拉拢。

此诗通篇叙事之中深寓比兴，结语态度坚决而措辞委婉策略，所谓“谢绝”。贺贻孙《诗筏》云：“此诗情辞婉恋，可泣可歌。然既垂泪以还珠矣，而又恨不相逢于未嫁之时，柔情相牵，展转不绝，节妇之节危矣哉。”用今天的话来说，就是此诗中的节妇有婚外恋的“危险”。

盖世上可爱人多，而情缘相妨，故人生总难免会有“恨不相逢未嫁（婚）时”的感觉——这就是婚外恋的苗头。此诗就揭示了一种普遍的世相，不独以政治寄托为贵也。

南　园

（唐）◎ 李　贺

花枝草蔓眼中开，小白长红越女腮。可怜日暮嫣香落，嫁与东风不用媒。

福昌县昌谷乡是李贺的故家，南园是家中园林。《南园》的诗共十三首，作于诗人辞去奉礼郎官职从长安回家后。

清人王琦注此诗时加了一个题解：“眼中方见花开，瞬息日暮，旋见其落，以见容华易谢之意。”这个解释正不正确呢？在古典诗歌中，暮春景物是入诗最频繁的题材之一，好多诗人都写过落花诗。的确，很多诗都是借落花来表现所谓“美人迟暮”之感的。但能否就此推出李贺此诗，也是表现的同一种感情呢？关于这个问题，现成的答案是没有的。理解诗歌，首先应当从诗歌本身的艺术形象和这形象给人的实际感受出发，同时应当充分注意诗人的艺术个性，才能得出正确的结论。让我们逐句分析一下吧。

“花枝草蔓眼中开”，这句说眼见南园花草繁茂可爱。“开”主要是对“花枝”而言的，而诗中“草蔓”二字告诉读者，随着春深，绿草绿叶渐渐多了。万紫千红，逐渐会被“绿肥红瘦”的景象代替。“小白长红越女腮”这句用了一个比喻形容花朵的娇艳。“小白长红”就是白少红多的意思，也就是偏于红的粉红色，与“越女腮”连文，即以美女粉红的脸蛋来比喻花瓣色泽的鲜嫩。“可怜日暮嫣香落”，这句写花落。“可怜”二字既可作可爱讲，又可作可惜、可悯讲，这里应取哪一意呢？且先看落花去向：“嫁与东风不用媒。”既不是委弃尘土，也不是随逐流水。这句承上美女的比

李贺（791—817），字长吉，唐宗室郑王之后，其父晋肃贞元时曾做过陕县令。福昌（今河南宜阳）昌谷人。宪宗元和二年（807）赴洛阳应进士举，妒之者以犯父名讳为由，加以阻挠。仕途失意，为奉礼郎，两年后因病辞官。有《李贺歌诗》。

喻，把落花比着一个成熟的姑娘，不经媒妁之言，就自己随着情郎“东风”一起出奔了。显然，上文的“可怜”应该作可爱讲，而不是可悯的意思。

此诗给人以极新奇的印象，落花诗尽有佳作，但几曾读到过这样的落花诗呢。诗里虽有“日暮嫣香落”的字样，但充溢在字里行间的绝非感伤，而是一种轻快、亲切的情调，是对大自然丰富含蕴的一个奇趣的发现。这在李贺富于独创的诗歌中并不是罕见的情形。王琦的解释，不免化神奇为平庸。好诗被说坏，往往是评诗者心中先有一个旧的框框，比如一见写落花，不管诗人具体怎样写，先就得出“容华易谢”感叹迟暮的结论。不料诗人独具只眼，恰恰从人们只看得见感伤的落花景象中看出了一段优美动人的“好的故事”。他看到的不是零落成泥，或落花流水，而是燕尔新婚。这是旧题材的翻新，是化平庸为神奇。

此诗体现了李贺诗歌的一个最显著的特色，这就是奇特的幻想。古典诗歌中，用花枝比拟少女，或用少女比拟花枝，本来是习见的。在此诗里，虽然也用了这样的比拟，但毫无陈陈相因之感，反而令人觉得耳目一新。其原因就在诗人匪夷所思地把落花比做一个新娘，而不是一个普通的少女。这一幻想使花落的景象有了更新更丰富的含义，完全摆脱了俗套，给人以美的感受。诗人这种奇异幻想，体现了他对理想的憧憬，对美好事物的神往。类似这样的童话般优美的境界，在他的《天上谣》、《梦天》等诗中也可以看到。

李贺诗的独创性体现在多方面，“辞尚诡奇”（《新唐书》本传）就是一个方面。如“小白长红”的造语就很奇特。形容色彩的程度，一般只用“深”、“浅”，间或有用“多”、“少”的，像此诗用“长”、“小”，的确见所未见。这显然是诗人有意避熟就生，不肯落入常套的缘故。后来宋词中有“绿肥红瘦”的名句，与“小白长红”实际是同一性质的创新。

赠别

（唐）◎杜　牧

娉娉袅袅十三余，豆蔻梢头二月初。春风十里扬州路，卷上珠帘总不如。

文学艺术要不断求新，因陈袭旧是无出息的。即使形容取喻，也贵独到。从这个角度看看杜牧《赠别》，也不能不承认他做诗的“天才”。

此诗是诗人赠别一位相好的歌妓，从同题另一首（“多情却似总无情”）看，彼此感情相当深挚。不过那一首诗重在“惜别”，这一首却重在赞颂对方的美丽，引起惜别之意。第一句就形容了一番：“娉娉袅袅”是身姿轻盈美好的样子，“十三余”则是女子的芳龄。七个字中既无一个人称，也不沾一个名词，却能给读者完整、鲜明生动的印象，使人如目睹那美丽的倩影。其效果不下于“翩若惊鸿，宛若游龙；荣耀秋菊，华茂春松”（曹植《洛神赋》）那样具体的描写。全诗正面描述女子美丽的只这一句。就这一句还避实就虚，其造句真算得空灵入妙。第二句不再写女子，转而写春花，显然是将花比女子。“豆蔻”产于南方，其花成穗时，嫩叶卷之而生，穗头深红，叶渐展开，花渐放出，颜色稍淡。南方人摘其含苞待放者，美其名曰“含胎花”，常用来比喻处女。而“二月初”的豆蔻花正是这种“含胎花”，用来比喻“十三余”的小歌女，是形象优美而又贴切的。而花在枝“梢头”，随风颤袅者，尤为可爱。所以“豆蔻梢头”又暗自照应了“娉娉袅袅”四字。这里的比喻不仅语新，而且十分精妙，又似信手拈来，写出人似花美，花因人艳，说它新颖独到是不过分的。一切“如花似玉”、“倾国倾城”之类比喻形容，在这样的诗句面前都会黯然失色。

诗人正要离开扬州，“赠别”对象

杜牧（803—852），字牧之，京兆万年（今陕西西安）人。宰相杜佑之孙。文宗大和二年（828）登进士第，登贤良方正能直言极谏科，授弘文馆校书郎。同年应沈传师之辟，为江西团练巡官，后随沈赴宣州。七年应牛僧孺之辟，在扬州任淮南节度府推官，转掌书记。九年回京任监察御史，后分司东都。开成中回京任左补阙，转膳部、比部员外郎，皆兼史职。武宗会昌二年（842）后出为黄州、池州、睦州等地刺史。宣宗大中二年（848）擢司勋员外郎，转吏部员外郎，四年复守池州。五年入为考功员外郎、知制诰，次年为中书舍人。有《杜樊川集》（《樊川文集》）。

就是他在幕僚失意生活中结识的扬州歌妓。所以第三句写到“扬州路”。唐代的扬州经济文化繁荣，“春风”句意兴酣畅，渲染出大都会富丽豪华气派，使人如睹十里长街，车水马龙，花枝招展……这里歌台舞榭密集，美女如云。“珠帘”是歌楼房栊设置，“卷上珠帘”则看得见“高楼红袖”。而扬州路上不知有多少珠帘，所有帘下不知有多少红衣翠袖的美人，但“卷上珠帘总不如”！不如谁？谁不如？诗中都未明说，含吐不露，但读者已完全能意会了。这里“卷上珠帘”四字用得很不平常，它不但使“总不如”的结论更形象，更有说服力；而且将扬州珠光宝气的繁华气象一并传出。诗用压低扬州所有美人来突出一人之美，有众星拱月的效果。《升庵诗话》云：“书生作文，务强此而弱彼，谓之‘尊题’。”杜牧此处的修辞就是“尊题格”。但由于前两句美妙的比喻，这里“强此弱彼”的写法显得自然入妙。

杜牧此诗，从意中人写到花，从花写到春城闹市，从闹市写到美人，最后又烘托出意中人。二十八字挥洒自如，游刃有余，真俊爽轻利之至。别情人不用一个“你（君、卿）”字；赞美人不用一个“女”字；甚至没有一个“花”字、“美”字，语言空灵清妙，贵有个性。

菩萨蛮

（唐）◎ 温庭筠

玉楼明月长相忆，柳丝袅娜春无力。门外草萋萋，送君闻马嘶。　　画罗金翡翠，香烛销成泪。花落子规啼，绿窗残梦迷。

温庭筠（812?—867?），本名岐，字飞卿，太原祁（今山西祁县）人。少负才华，“能逐弦吹之音，为侧艳之词”，因忤权贵而累试不第。后曾为方城尉、隋县尉、国子监助教等微职。为晚唐词坛巨擘，亦有诗名，与李商隐齐名称“温李”。有《温飞卿诗集》，近人王国维辑《金荃词》。

20世纪80年代，北岛、顾城等人的“朦胧诗”曾风行一时，殊不知，古代也有出色的“朦胧诗”，晚唐李商隐的无题诗便是。温庭筠与李商隐齐名，他的这首写相思内容的《菩萨蛮》也是一首朦胧诗。

首先，时空跳跃，意象迷离。起句以“长相忆”点明题旨，时间是明月夜，地点是玉楼，主人是谁，不言自明，中国的古典诗词常常不用人称，而人物分明又在其中。二句“柳丝袅娜春无力”，是明月夜的情形，还是白天的情形？好像都可以。三、四两句“门外草萋萋，送君闻马嘶”分明是写白天的送别情景，这送别情景是女子的追忆，还是梦中所见？也好像都可以，不同的鉴赏词典就做了不同的解释。过片写绣了翡翠鸟的罗帐，化成泪的蜡烛，衬托女主人公孤独凄清的心境，则又回到室内，回到现在时。结句写鸟鸣惊破长梦，女子心神迷离恍惚，则是黎明了。短短的一首小令，夜晚、白天、黎明，现实、回忆、梦境，几度时空变幻，极写女子的相思，长吁短叹，柔肠百结。虽然时空跳跃，但针脚细致绵密，却又是一般的“朦胧诗”所不能及。三四句“草萋萋”、“送君”，接第二句的“柳丝袅娜春无力”，“画罗金翡翠，香烛销成泪”接前文的“长相忆”与“送君”，“花落子规啼”遥接“春无力”，草蛇灰线，有迹可寻。

其次，写梦点到即止，令人回味。温庭筠词常写梦境，诸如“暖香惹梦鸳鸯锦。江上柳如烟，雁飞残月天”，“春梦正关情”，“闲梦忆金堂”等等。日有所思，夜有所梦，这些相思的女子往往生活在梦中。结句“花落子规啼，绿窗残梦迷”，女主人梦见了什么？“门外草萋萋，送君闻马嘶”吗？不是又是什么？词没有点明，只写了女主人梦醒瞬间的迷离恍惚的神态，她分不清是梦是醒，是真是假，就像庄周梦蝶，不知庄周变成蝴蝶，还是蝴蝶变成庄周。“落花”与“绿窗”设色美艳，增添华贵气象，“残”字“迷”字极好，无可更改。陈廷焯说这类作品“发之又必若隐若见，欲露不露，反复缠绵，终不许一语道破”，推许为体格高，性情厚，不为无因。

最后，用暗示、移情法，含蓄蕴藉。因为人无力，故觉“春无力”，因为人伤心，香烛也流泪，此乃移情。“画罗金翡翠，香烛销成泪”表面写房中物，实际上是暗示，罗帐冷清，令人想见女主人的孤单，蜡烛烧尽，料必女主人为离别而辗转反侧到天明。与李商隐的诗句“蜡照半笼金翡翠，麝熏微度绣芙蓉”略似。

一首小词，内容多而不乱。诚如俞平伯所言：“飞卿之词，每截取可以调和的诸印象而杂置一处，听其自然融合。”（俞平伯《读词偶得》）因为杂置印象，所以朦胧；因为自然调和，所以美：合之则为朦胧美。

夜雨寄北

（唐）◎ 李商隐

君问归期未有期，巴山夜雨涨秋池。何当共剪西窗烛，却话巴山夜雨时。

此诗可与刘皂《旅次朔方》参读。

晚唐诗比盛唐诗浑厚不足，而深细过之。出现了一些内容形式都比较生新的作品。刘皂《旅次朔方》和李商隐《夜雨寄北》这两首手法类似的七绝，便属此列。

读者大都注意到此二首诗形式上的异中之同，即诗中时间上的前与后，空间上的此与彼交织在一起，以羁旅情思穿插串联，婉转关情。而较少言及它们内容境界上的拓新和形式上的同中之异，其实这两首诗最值得注意的共同之处，乃在于诗人在不同的境况中独立发现了一个心理上的怪圈，这就是人生在趋新之后会产生恋旧的心理，所谓执热愿凉，又使这种人生况味得到各具特色的表现。《旅次朔方》写从咸阳来并州，日夜忆咸阳；从并州至桑干，又日夜忆并州。《夜雨寄北》则写到异时异地两个情景即西窗剪烛和巴山夜雨，从巴山夜雨忆西窗剪烛，又从想象中来日的西窗剪烛忆巴山夜雨。这后一个情境是虚拟的，与前一诗相比，尤有扑朔迷离之妙。

李商隐（813—858），字义山，号玉溪生。祖籍怀州河内（今河南沁阳），自祖父起迁居郑州（今属河南）。九岁丧父，从堂叔学习古文。大和三年（829）为令狐楚辟为幕僚。开成二年（837）登进士第。三年入泾原节度使王茂元幕，且入赘王家。为牛党中人所忌，致使仕途蹭蹬，长期辗转于幕府。有《李义山集》。

无题（录五）

（唐）◎ 李商隐

其　一

相见时难别亦难，东风无力百花残。春蚕到死丝方尽，蜡炬成灰泪始干。晓镜但愁云鬓改，夜吟应觉月光寒。蓬山此去无多路，青鸟殷勤为探看。

本篇写暮春伤别。首联记(或忆)别。起句就常语“别易会难”翻进，相见困难，离别就更为难，句中重复“难”字，从客观写到主观，意味不同。次句宕开，写暮春之景(别时景，或由眼前景追忆别时景)而著主观之色彩——风无力以见人无力，花残月缺乃人事不美满的一个象征，彼此黯然伤魂之状如在目前。

次联写别后相思。以到死丝方尽之春蚕与成灰泪始干的蜡炬，象喻至死不渝的深情和明知无望、仍愿继续荷担终生痛苦作执著追求之殉情精神；感情炽热缠绵、深挚沉着，带有浓郁悲剧色彩。

三联转想对方晨起揽镜，当惜朱颜易改；夜凉吟诗，但觉月色凄寒。细意体贴中更见情之深至。末联故作宽解，谓对方所居不远，望托青鸟传书。

全诗纯情，融比兴与象征、写实与象征为一体，脉络清晰而回环递进，在无题诸诗中最为精纯。四联各有侧重，将相思与离别，希望与失望，现实与梦想，自慰与慰人等相对相关的情绪交织写出，情感内容极为丰富。“相见时难别亦难，东风无力百花残”、“春蚕到死丝方尽，蜡炬成灰泪始干”等句千古传诵。吴乔、冯浩、张采田等均谓为令狐绹作，今人则多以为单纯抒写爱情。其实在精纯深至的爱情歌咏中，融入或渗透某种人生感受(如对理想的执著无望的追求)，是完全可能的。

其　二

昨夜星辰昨夜风，画楼西畔桂堂东。身无彩凤双飞翼，心有灵犀一点通。隔座送钩春酒暖，分曹射覆蜡灯红。嗟余听鼓应官去，走马兰台类转蓬。

此诗写单恋之苦，作于会昌六年(846)任职秘省期间，诗中追忆昨夜于灯红酒绿的宴席上与所思女子相望而不能相亲之情景，从而抒慨。

首联点明时地。起句轻笔烘染，“昨夜”重迭，句中自对；次句则以“西”、“东”相起，判明下文所写宴会场所之方位，极富咏叹情调，且富词彩。

次联名句，以“身无彩凤双飞翼”与“心有灵犀一点通”相映照，写有情无缘，即宋人所谓“空有相怜意，未有相怜计”之苦恼，设喻新颖巧妙，写情深刻细致，措辞圆转流丽，对句尤为抒写心灵契合与感通之警句。

三联写宴会热闹场面，隔座送钩(座中传钩类今日之击鼓传花)、分曹射覆(分组玩藏物于巾盂下让人猜)是酒宴上两种游戏，酒暖、灯红写出酒宴热闹气氛，又反形出诗人的寂寞冷落，不管他在座不在座。

末联写一夜相思无益，晨鼓响起，上班应卯的时辰又到了(兰台是秘省别称)，这又提醒诗人估量自己的条件，恐未可作非非想。此诗古今人有作寓言寄托说，然多穿凿附会；联系同组第二首“岂知一夜秦楼客，偷看吴王苑内花”，当实赋恋情，所怀似为贵家姬妾一流。末云“听鼓应官”，则全诗应是天明时回味昨夜相思的情绪，即一夜注目所爱的单恋之苦，“心有灵犀”或只是一种心灵感应，西楼东堂只是与予目成之所，两人实无相约相会，一夜星辰，诗人空立中宵耳——即所谓“如此星辰非昨夜，为谁风露立中宵”。此情此景，古今恒存，洵为不朽之作。

其　三

重帏深下莫愁堂，卧后清宵细细长。神女生涯原是梦，小姑居处本无郎。风波不信菱枝弱，月露偏教桂叶香。直道相思了无益，未妨惆怅是清狂。

此诗写一位独处无郎、相思莫益的女性的惆怅，托寓之迹较为明显，非纯写爱情也。

前六句自叙相思煎熬，略云重帏独卧，清宵追思。回顾平生境遇，如巫山神女，纵有遇合，原属幻梦；又如清溪小姑，独处无郎，本无依托。菱枝弱质，偏遭风波摧抑；桂叶含芳，却无月露滋润。

末二句翻折出不悔之意，然纵使相思无益，亦不妨抱痴情而惆怅终身。乃诗中关键之句，亦唐诗名句。即宋词所谓"衣带渐宽终不悔，为伊消得人憔悴"也。

何焯（义门）谓"义山《无题》数诗，不过自伤不逢，无聊怨题，此篇乃直露本意"，诗中以神女、小姑自况，以爱情遭逢托寓身世遭逢，隐见遇合如梦、无所依托之苦；菱枝、桂叶的设喻，与显有寓托的《深宫》诗"狂飙不惜萝阴薄，清露偏知桂叶浓"意近，两相参较，益见"内无强近，外乏因依"（《祭徐氏姊文》）之托意。

其　四

来是空言去绝踪，月斜楼上五更钟。梦为远别啼难唤，书被催成墨未浓。蜡照半笼金翡翠，麝熏微度绣芙蓉。刘郎已恨蓬山远，更隔蓬山一万重。

本篇写梦绕魂牵的相思苦情，“梦为远别”是一篇眼目。首联逆挽，写醒来后梦中人踪迹杳无之怅惘，眼前斜月晓钟的实景反形出梦境的虚无缥缈，“来”、“去”二字相起唱叹，更增感慨。次联补叙梦里别情，及醒后相思。出句谓梦中伤别，悲啼不禁，“啼难唤”者，任眼泪系留不住也；对句写醒后修书，匆匆急就，“墨未浓”者，催成之书，言不尽意也。均妙于含蓄。

三联写中夜室内光景，烛光之下，“金翡翠”（代灯罩）、“绣芙蓉”（代被褥）这些通常意味情爱的实物，和刚刚消逝的梦境打成一片，似乎还可以闻到伊人梦魂的余香，造境朦胧，如幻如真。末联是彻底的清醒，写幻梦消失、会合无缘的怅恨。二句用刘晨天台遇仙故事，直抒蓬山（海上仙山）重隔之恨，而以“已恨”、“更隔”虚字勾勒为递进语，似言彼此交往本有不便，加之对方又复远走、好合的希望就更加渺茫了，递进中加复叠，尤具回肠荡气之致。与同类作品一样，此诗于叙事成分损之又损，而抒情成分浓上加浓。这样纯粹抒情的爱情诗和元、白叙事成分很浓的爱情诗相比，可能比较费解，但就其精纯程度而言，却为元、白所不及。

其　五

飒飒东风细雨来，芙蓉塘外有轻雷。金蟾啮锁烧香入，玉虎牵丝汲井回。贾氏窥帘韩掾少，宓妃留枕魏王才。春心莫共花争发，一寸相思一寸灰。

本篇写闺中对爱情的向往与幻灭之苦，“相思”为全诗之眼。首联兴语发端，写细雨轻雷之春景，烘托闺中不可断绝而有所期待之春心，兴象华妙，“芙蓉”在古诗中双关夫容，冀郎之见怜也。

次联赋而兴，“金蟾啮锁”状香炉，“玉虎牵丝”谓辘轳，分别为室内用器和室外设施，为闺情诗取象取喻的材料（南朝乐府《杨叛儿》“欢作沉水香，侬作博山炉”，牛峤《生查子》“帘外辘轳声，敛眉含笑惊”）。二句既写闺中锁闭深藏之环境，复以“烧香”、“汲井”暗透情思的潜炽和相牵，句中“香”、“丝”乃拆字双关“相思”。

三联用典剖白内心。贾充女窥帘爱慕韩寿而与之私通，且赠之异香，事见《世说新语》；甄氏死后托梦留枕曹植于洛水，事见《洛神赋》李善注。两事各由上文“烧香”、“牵丝”引出，或为女子热烈主动地求爱，或为女子对心上人的藕断丝连，总是春心争发，生死不渝。

末联陡转反接，由向往追求转为否决，否决之中复透难泯之春心。“春心”习语耳，而与“花争发”连文，则赋予它美好的形象，且显示了它的自然合理性；“相思”本抽象概念，由香销成灰生出联想，创造出“一寸相（香）思一寸灰”的奇句，不仅化抽象为形象，而且与前句形成强烈对照，通过美好事物被毁灭显示出强烈的感伤美或悲剧美。

此诗实写悲剧性的爱情心理，而与诗人之悲剧性身世及由追求而幻灭的人生感受亦有潜在联系，广义而言，也可以说是寓托。前人多有指实为托寓陈情令狐者，则不免狭隘而近乎穿凿也。

菩萨蛮

（唐）◎韦 庄

红楼别夜堪惆怅，香灯半卷流苏帐。残月出门时，美人和泪辞。　　琵琶金翠羽，弦上黄莺语。劝我早归家，绿窗人似花。

韦庄（836—910），字端己，京兆杜陵（今陕西长安）人。孤贫力学，曾长期流落江南。乾宁元年（894）始中进士，释褐为校书郎。天复中为西蜀王建掌书记，王建称帝后拜相。有《浣花集》（《韦庄集》），近人王国维辑《浣花词》。

韦庄是唐末的风流才子，自是多情种子。而多情往往又被情所累，个中滋味，欲说还休，隐隐约约，留给后人无穷的悬想。

《花间集》录韦庄《菩萨蛮》共五首，一般选家均选四首，以为是韦庄奉使入蜀被羁留后的寄意之作，或思君之辞。关于这一首则解释为追忆与家人（爱妻或宠姬）离别的情景。此说或者有误。试想，爱妻或宠姬会自夸“人似花”吗？施蛰存《读韦庄词札记》（《词学》第一辑）力排众议，认为：“端己词意，谓当筵听琵琶语，似劝我归家，因而怀念红楼惜别时。此殆流移江南时怀乡之作。”也就是说，词的上片是回忆与家人分别，词的下片是写弹琵琶的江南女子劝其归家，家里“似花”的爱妻或宠姬正盼望着他回去呢。此说将词意理顺了，但从上片的用语来看，不像写与家人离别，我觉得该词就是写诗人与青楼女子离别的，其中隐含着一段艳情故事。

古代的青楼女子大多习诗属文，能歌善舞，与单纯做皮肉生意的不可同日而语。文人名士也喜与青楼女子相往来。大诗人李白就经常载酒携妓，快意逍遥，“美酒樽中置千斛，载妓随波任去留”（《江上吟》），“携妓东土山，怅然悲谢安”，（《东山吟》）“兴来携妓恣经过，其若杨花似雪何”（《忆旧游寄谯郡元参军》）。近代

名人李叔同、苏曼殊、郁达夫等年轻时也喜与妓女交往。韦庄年轻时浪迹吴、越、湘、楚一带，也即其词中多次提到的“江南”。在江南，他沾染了风流才子的习气，走马章台，出没秦楼楚馆，穷愁潦倒也未必不然。其另一首《菩萨蛮》有云：“如今却忆江南乐，当时年少春衫薄。骑马倚斜桥，满楼红袖招。”“醉入花丛宿”即写此。大概他与某一位青楼女子产生了恋情，缠绵不尽，遂有难舍难分之离愁。这位情人觉得诗人终究是要走的，不能与她白头偕老，长痛不如短痛，就劝诗人回去，说：“你还是走吧，你老婆正在家里等着你呢，她长得怎么样啊？如花似玉吧？”诗人无可奈何的走了，当然依依不舍，留下无穷的思念。词的上片写月残天明时，与情人作别，满怀惆怅。下片回忆头天晚上情人弹琵琶，呢喃软语劝他回家，可能在闺房中，未必是在筵席上。半年后，诗人又写了一首《应天长》，正好可以拿来参读：“别来半岁音书绝，一寸离肠千万结。难相见，易相别，又是玉楼花似雪。暗相思，无处说。惆怅夜来烟月。想得此时情切，泪沾红袖黦。”不是隐情，怎么会“暗相思，无处说”？越是得不到的，便越是美好的。诚如当代朦胧诗人北岛在诗作《一切》中所写：“一切爱情都在心里／一切往事都在梦中。”古代人遭遇的婚姻与爱情的困惑，当代人也会遇到，将来大约也不会消失。

复偶见

（唐）◎ 韩　偓

半身映竹轻闻语，一手揭帘微转头。此意别人应未觉，不胜情绪两风流。

韩偓（844—923），字致尧，一作致光，小名冬郎，号玉山樵人。京兆万年（今陕西西安）人。昭宗龙纪元年（889）登进士第。官至中书舍人、吏部侍郎。有《玉山樵人集》、《香奁集》。

唐代士大夫与女冠（女道士）私下恋爱，是普遍存在的事实。韩偓《香奁集》中题为《复偶见》三绝句开头就写道：“雾为襟袖玉为冠，半似羞人半忍寒。”同集前面的一首是《荐福寺讲筵偶见又别》，句云：“见时浓日午，别处暮钟残”、“两情含眷恋，一饷致辛酸。”诗中女主人公均为女冠无疑。这类不公开的恋情发展过程是步履维艰的。双方的苦恼，往往超过实际得到的欢乐，却又转化为诗的灵感冲动。其间得失很难一言蔽之。这首诗（“半身映竹轻闻语”）就很形象，很有兴味地表现了一对具有上述特殊身份的有情人，如何借助“弦外音”和“人体语言”，在大庭广众之间相互交换隐秘的思想感情。

这也许是在某寺的客厅，或者就是讲筵，座上都是些有身份的规矩人。但其中一个却心怀“爱”胎。当别的人都在亲切交谈或专心听讲时，他的思想却走了神——“半身映竹轻闻语”，他的心已被竹帘后的半隐半显的人儿牵去了。那不是别人，就是那个“雾为襟袖玉为冠”的妙龄道姑。她此刻的“轻语”，固然不知对谁说着什么，但他却意识到那是冲自己来的。其弦外之音是“我在这儿呢”。读者可以推想，他这时该欠了欠身子，拉拉衣角，一本正经地坐定，装做认真听讲的样子。然而他的姿态和神情实际表明着心不在焉。因为这时他已关注到那人已“一手掀帘”，因而怦然心动。

他还注意到那人“微转头”的动作，它好像是无意识的，却分明有所示意：“你

看见我了吗？"这恰是《楚辞·九歌·少司命》所谓"满堂兮美人，忽独与余兮目成"。目语，这是最为丰富微妙的一种人体语言，它能表达极其复杂的思想感情。几乎不需要特别的学习，每一对情人（特别是少男少女）都能正确地使用它。此诗前二句中的"轻"、"微"二字用得十分准确，人们在运用"弦外音"和"人体语言"的时候就是如此，须恰到好处，否则过犹不及。同时，在大庭广众之间也必须如此，才能避免遭惹耳目与是非。

"偶见"即非事前约定，又是在众目睽睽之下，那人当然不能久久停留，必须迅速走过，像她所应该做的那样，翩若惊鸿地来了又走了。她是那样的美丽多情，真可谓"从头看到脚，风流往下落；从脚看到头，风流往上流"(《金瓶梅》)。于是他心底掀起狂涛，感到不能自持，但又意识到自己目前的处境，留心观察周围的反应。"此意别人应未觉"，因而不至于引起麻烦，他不禁暗暗自宽了。在别人未觉的同时，两个人居然心许目成地作了一番"晤谈"，交换了相思之情，两下都激动得很，"不胜情绪两风流"！共鸣只在振动频率相同的两心间发生，而别人全无察觉，诗写至此，可谓曲尽人情，臻于墨妙。

韩偓早年所写的有关私情的诗作，往往因其香艳而受到后世的批评。但《香奁集》中也有清新之作，如此诗就并不轻儇。

比红儿诗

（唐）◎罗　虬

薄罗轻剪越溪纹，鸦翅低从两鬓分。料得相如偷见面，不应琴里挑文君。

罗虬（？—？），台州人。累举不第。遭兵乱，依李孝恭为从事。有《比红儿诗》百首。

“绊惹东风别有情，世间谁敢斗轻盈？楚王江畔无端种，饿损纤腰学不成。”这是唐彦谦的《咏柳》诗，它从柳联想到细腰，联想到美人。咏柳说美人，或咏美人说柳，这是一般意义的比方。但咏柳而贬美人（如唐彦谦诗），或咏美人以贬柳，那就不是一般的比方了。这种弱彼以强此的比方，诗家谓之“尊题”（见《升庵诗话》卷八、卷十四）。

《比红儿诗》作者自序说：“‘比红’者，为雕阴（故城在今陕西富县北）官妓杜红儿作也。美貌年少，机智慧悟，不与群辈妓女等。余知红者，乃择古之美色灼然于史传三数十辈，优劣于章句间，遂题‘比红诗’。”既择古之绝代佳人与红儿作“比”，又从而“优劣”之，这也就是不折不扣的“尊题”格。诗共百首，把这种修辞法运用到了尽兴尽致。选其一首，是可以尝一脔肉而知一鼎之味的。

前两句赋写红儿的美丽。“薄罗轻剪越溪纹”，是写其服装。古代越地丝织工艺十分著名，而越女浣纱向为诗人乐道。用“越溪纹”以形“薄罗”，有一种特殊的意味、具体的美感。“轻”这个动词也用得惬切，它表现出罗的薄而名贵，是不宜造

次剪裁的。“薄”的春衫，又间接熨贴出红儿身段的美来。不从正面落墨，而采取侧面烘托，以引起读者活跃的联想，丰富诗歌形象。

古代少女头梳双髻，称鸦髻（或鸦头），取其色之乌黑。“鸦翅”，也就是鬓发。不说鬓如鸦翅，而说“鸦翅低从两鬓分”，就把对象写活了。写秀发而传达出人的丰神，鸦翅低分，一个天真烂漫的少女形象宛然可见。赵执信《谈龙录》提到一个著名比喻，言诗之可贵，在于使人从一鳞一爪而见到宛然若在的神龙。此诗前两句侧面衬托、写点概面的手法似之。

后两句是在赋红儿之美的基础上，进而引古为譬以“比红儿”。

这里是用西汉著名美女卓文君为比，又从而“优劣”之，说如果司马相如偷看上红儿一眼，就不会费心去弹琴挑逗卓文君了。司马相如之爱文君固然以其貌美，却并不全然为此，同时是因为文君的“知音”，这才有琴挑的韵事。说他看红儿一眼就忘却文君，不亦谬乎？然而看诗要用诗的眼光去看，诗人取喻，往往撷其一点，予以夸张，有时悖乎理反而更为尽情，正所谓“反常合道为趣”。诗人唐突古人，抑卓扬红，却有味地写出了红儿美的魅力。

这里我们看到，尊题的写法对于突出主体是有积极的修辞作用的。与“红花虽好，也要绿叶扶持”是同一个道理。此诗运用侧面落笔和弱彼强此的手法，比起正面的刻画，不惟省辞，而且使意境轻灵可喜，在艺术上有可资借鉴处。

有一种传说，说是罗虬广明年间为李孝恭从事，红儿为籍中善歌者。有一次，他请红儿歌唱。李孝恭以红儿为副戎属意，不许她接受罗虬的馈赠。罗虬恼羞成怒，遂手刃红儿。后来又深自追悔，便作比红儿诗替她传名。但从作者自序是看不出追悔之意的，这本事太煞风景，大约出于附会吧。

江陵愁望有寄

（唐）◎ 鱼玄机

枫叶千枝复万枝，江桥掩映暮帆迟。忆君心似西江水，日夜东流无歇时。

鱼玄机（844?—868），女，字幼微，一字蕙兰，长安（今陕西西安）人。姿质出众，15岁为补阙李亿妾，以李妻不相容，于懿宗咸通中出为女道士。尝漫游湖北、江西等地。因戕杀侍婢被处死。有《鱼玄机集》。

建安诗人徐干有著名的《室思》诗五章，第三章末四句是：“自君之出矣，明镜暗不治。思君如流水，无有穷已时。”后世爱其情韵之美，多仿此作五言绝句，成为“自君之出矣”一体。女诗人鱼玄机的这首写给情人的诗（题一作《江陵愁望寄子安》），无论从内容、用韵到后联的写法，都与徐干《室思》的四句十分接近。但体裁属七绝，可看做“自君之出矣”的一个变体。

五绝与七绝，虽同属绝句，二体对不同风格的适应性却有较大差异。近人朱自清说：“论七绝的称含蓄为‘风调’。风飘摇而有远情，调悠扬而有远韵，总之是余味深长。这也配合着七绝的曼长的声调而言，五绝字少节促，便无所谓风调。”（《唐诗三百首指导大概》）读这首诗，觉着它比《自君之出矣》多一点什么的，正是这里所说的“风调”。本来这首诗也很容易缩成一首五绝：“枫叶千万枝，江桥暮帆迟。忆君如江水，日夜无歇时。”字数减少而意思不变，但我们却感到少一点什么，也是这里所说的“风调”。

试逐句玩味此诗，看每句多出两字是否多余。

首句以江陵秋景兴起愁情。《楚辞·招魂》：“湛湛江水兮上有枫，极目千里兮伤春心。”枫生江上，西风来时，满林萧萧之声，很容易触动人的愁怀。“千枝复万

枝”，是以枫叶之多写愁绪之重。它不但用“千”、“万”数字写枫叶之多，而且通过“枝”字的重复，从声音上状出枝叶之繁。而“枫叶千万枝”字减而音促，没有上述那层好处。

“江桥掩映——暮帆迟”，极目远眺，但见江桥掩映于枫林之中；日已垂暮，而不见那人乘船归来。“掩映”二字写出枫叶遮住望眼，对于传达诗中人焦灼的表情是有帮助的。词属双声，念来上口。有此二字，形成句中排比，声调便曼长而较“江桥暮帆迟”好听。

前两句写盼人不至，后两句便接写相思之情。用江水之永不停止，比相思之永无休歇，与《室思》之喻，机杼正同。乍看来，“西江”、“东流”颇似闲字。但减作“忆君如流水，日夜无歇时”，比较原句便觉读起来不够味了。刘方平《春怨》末二句云：“庭前时有东风入，杨柳千条尽向西。”晚清王闿运称赞说：“以东、西二字相起，（其妙）非独人不觉，作者也不自知也”，“不能名言，但恰入人意。”（《湘绮楼说诗》）鱼玄机此诗末两句妙处正同。细味这两句，原来分用在两句之中非为骈偶而设的成对的反义字（“东”、“西”），有彼此呼应，造成抑扬抗坠的情调，或擒纵之致的功用，使诗句读来有一唱三叹之音，亦即所谓“风调”。而删芟这样字面，虽意思大致不差，却必损韵调之美。

鱼玄机此诗运用句中重复、句中排比、尾联中反义字相起等手段，造成悠扬飘摇的风调，大有助于抒情。每句多二字，却充分发挥了它们的作用。所以比较五绝“自君之出矣”一体，艺术上正自有不可及之处。

金缕衣

（唐）◎ 杜秋娘

劝君莫惜金缕衣，劝君须惜少年时。有花堪折直须折，莫待无花空折枝。

杜秋娘（？—？），女，唐金陵（今江苏南京）人，李锜妾。

这是中唐时的一首流行歌词。据说元和时镇海节度使李锜酷爱此词，常命侍妾杜秋娘在酒宴上演唱。歌词的作者已不可考，故各本多以演唱者杜秋娘署名。

此诗含意很单纯，可以用“莫负好时光”一言以蔽之。这原是一种人所共有的思想感情。可是，它使读者感到其情感虽单纯却强烈，能长久地在人心中缭绕，有不可思议的魅力。它每个诗句似乎都在重复那单一的意思：“莫负好时光！”而每句又都寓有微妙变化，重复而不单调，回环而有缓急，形成优美的旋律。

一、二句式相同，都以“劝君”开始，“惜”字也两次出现，这是二句重复的因素。但第一句说的是“劝君莫惜”，二句说的是“劝君须惜”，“莫”与“须”意正相反，又形成重复中的变化。这两句诗意又是贯通的。“金缕衣”是华丽贵重之物（白居易《秦中吟·议婚》“红楼富家女，金缕绣罗襦”），却“劝君莫惜”，可见还有远比它更为珍贵的东西，这就是“劝君须惜”的“少年时”了。何以如此？诗句未直说，那本是不言而喻的：“一寸光阴一寸金，寸金难买寸光阴。”贵如黄金也有再得的时候，“千金散尽还复来”；然而青春对任何人也只有一次，它一旦逝去是永不复返的。可是，世人多惑于此，爱金如命、虚掷光阴的真不少呢。一再“劝君”，用对白语气，致意殷勤，有很浓的歌味和娓娓动人的风韵。两句一否定，一肯定，否定前者乃是为肯定后者，似分实合，构成诗中第一次反复和咏叹，其旋律节奏纡回徐缓。

三、四句则构成第二次反复和咏叹，单就诗意看，与一、二句差不多，还是“莫

负好时光”那个意思。这样，除了句与句之间的反复，又有上联与下联之间的较大的回旋反复。但两联表现手法就不一样，上联直抒胸臆，是赋法；下联却用了譬喻方式，是比义。于是重复中仍有变化。三、四句没有一、二句那样整饬的句式，但意义上彼此是对称得铢两悉称的。上句说“有花”应怎样，下名说“无花”会怎样；上句说“须”怎样，下句说“莫”怎样，也有肯定否定的对立。二句意义又紧紧关联：“有花堪折直须折”是从正面说“行乐须及春”意，“莫待无花空折枝”是从反面说“行乐须及春”意，似分实合，反复倾诉同一情愫，是“劝君”的继续，但语调节奏由徐缓变得峻急、热烈。“堪折——直须折”这句中节奏短促，力度极强，“直须”比前面的“须”更加强调。这是对青春与欢爱的放胆歌唱。这里的热情奔放，不但真率、大胆，而且形象、优美。“花”字两见，“折”字竟三见；“须——莫”云云与上联“莫——须”云云，又自然构成回文式的复叠美。这一系列天然工妙的字与字的反复、句与句的反复、联与联的反复，使诗句琅琅上口，语语可歌。除了形式美，其情绪由徐缓的回环到热烈的动荡，又构成此诗内在的韵律，诵读起来就更使人感到回肠荡气了。更何况它在唐代是配乐演唱，难怪它那样使人心醉而被广泛流传了。

此诗另一显著特色在于修辞的别致新颖。一般情况下，旧诗中比兴手法往往合一，用在诗的发端；而绝句往往先景语后情语。此诗一反常例，它赋中有兴，先赋后比，先情语后景语，殊属别致。“劝君莫惜金缕衣”一句是赋，而以物起情，又有兴的作用。诗的下联是比喻，也是对上句“须惜少年时”诗意的继续生发。不用“人生几何”式直接的感慨，用花（青春、欢爱的象征）来比少年好时光，用折花来比莫负大好青春，既形象又优美，因此远远大于“及时行乐”这一庸俗思想本身，创造出一个意象世界。这就是艺术的表现，是形象思维。错过青春便会导致无穷悔恨，这层意思，此诗本来可以用却没有用“老大徒伤悲”一类成语来表达，而紧紧朝着折花的比喻向前走，继而造出“无花空折枝”这样闻所未闻的奇语。没有沾一个悔字恨字，而“空折枝”三字多耐人寻味，多有艺术说服力！

生查子

（前蜀）◎ 牛希济

春山烟欲收，天淡星稀小。残月脸边明，别泪临清晓。
语已多，情未了，回首犹重道。记得绿罗裙，处处怜芳草。

牛希济（？—？），陇西（今属甘肃）人。牛峤之侄。前蜀时累官翰林学士，御史中丞。蜀亡入仕后唐。存词十余首。

该词写一对恋人分别的情境。江淹《别赋》云："黯然销魂者，唯别而已矣！"情深意切的恋人更是难舍难分。因为分别的时间是在"清晓"，"残月"就在脸边，与"江清月近人"同一机杼，用残月衬托情人的脸，只见泪眼盈盈，更觉妩媚动人，诗人的感觉真好！临别时，反复叮咛嘱咐，彷佛有说不完的知心话，深沉悱恻，画出人之常情。最妙的是最后两句："记得绿罗裙，处处怜芳草。"它从江总妻诗"雨过草芊芊，连云锁南陌。门前君试看，是妾罗裙色"中化出，构思自然巧妙。因为思念心上人的绿罗裙，所以爱怜天涯芳草；见到天涯芳草，就会忆及心上人的绿罗裙，表示"长勿相忘"之意。爱屋及乌，爱罗裙连及芳草，且将悠悠情思引向远方，引向词外，令人回味无穷。栩庄《栩庄漫记》评价这两句："词旨悱恻温厚，而造句近乎自然。岂飞卿辈所可企及？"该词也不愧是五代词中稀见珍品。

这两句所表达的爱情心理确实美好。《诗经·邶风·静女》写恋人幽会，女方赠男方彤管、柔荑，也就是嫩茅草之类，男方觉得它们特别的美，为什么呢？因为是美人所赠，同样表现了这种爱情心理。爱真是一种美好的感情，它让人觉得一切都有意味，有价值，都蒙上了一层灵妙的光辉。它让恋人胸中充满柔情，用善意的眼光打量一切，它让人充满爱心，愿意将爱的范围无限扩大，惠及万物。所以人们常说爱是维系这个世界的动力。瓦西列夫在《情爱论》的最后说："爱情有一种奇妙的功能，它能使它所触及的东西在个人眼中提高价值。这样一来，爱情就使个人的日常平凡生活具有新的、更高的意义。"更不用说，爱情能鼓励人们战胜困难，激发人的灵感和创造力了。

恶人是不懂得爱情，也不会拥有真正爱情的。

诉衷情

（前蜀）◎ 顾　夐

永夜抛人何处去，绝来音。香阁掩，眉敛，月将沉。　争忍不相寻？怨孤衾。换我心，为你心，始知相忆深。

顾夐(？—？)，前蜀时给事内庭，擢茂州刺史。后蜀时累官至太尉。存词五十余首。

这首小令写女子的相思，不知写出了多少人的幽怨情怀！

顾夐的词似乎专写相思，其笔下的“狂夫”、“荡子”每每负旧约，误佳期，游荡在外，音信全无，而多情女子独守空闺，孤寂难耐，只有靠回忆过去的温情或对负心人的企盼打发时光。“暗想昔时欢笑事”，“旧欢思想尚依依”，昔时的情爱埋下了相思的种子。相思没有着落，禁不住愁极生怨，爱之愈深，恨之愈切，爱恨交加。这一首《诉衷情》就是写这种情怀的代表作。

词的时间背景设置在夜晚。开始写漫漫长夜，负心人抛下她，不知跑到哪里去了。荡子不归，音信断绝。接着写闺门紧掩，愁眉紧锁，斜月西沉，分别从环境、神态、时间三个方面描画女主人孤独寂寞的相思情境。她因相思至极，不觉神思恍惚，惝恍迷离，彷佛负心人就藏在室中的什么地方，不由自主地寻寻觅觅起来，真是情到深处人发痴！这是情感的第一层次。第二层，室中当然找不到对方，女主人头脑又清醒起来，她失望地面对空床孤衾，不由怨从中来，从而逼出最后的伤心话：“换我心，为你心，始知相忆深。”是呼唤，是祈祷，更是愿望。小词写到情感的高潮处便戛然而止。

《花间集》所收顾夐《诉衷情》有两首，第一首云：“香灭帘垂春漏永，整鸳衾。罗带重，双凤，缕黄金。窗外月光临，沉沉。断肠无处寻，负春心。”这里分析的第二首从开始到“争忍不相寻”就已将第一首的意思概括了，妙在它翻进一层，由思生怨，爱怨交加，故比第一首好。“怨”字则是这首小令的关键词。更妙的地方在于，最后直抒胸臆：“换我心，为你心，始知相忆深。”使情思波澜迭起，一浪高过一浪。这种抒情建立在前面的具象描绘基础之上，所以水到渠成，不觉空洞。清人王士祯在《花草蒙拾》中说：“顾太尉‘换我心，为你心，始知相忆深’，自是透骨情语。”王国维在《人间词话》中则称之为“专作情语而绝妙者”的显例之一。所以然者何？盖因词人骚客能言“人人胸中有，个个笔下无”的东西；别人能言之却缺乏艺术性，词人骚客能说得更有文学性、音乐性，因而更具感染力，更能打动人心。一首短短的小令有此透骨情语，也就足以不朽的了。

谒金门

（南唐）◎ 冯延巳

风乍起，吹皱一池春水。闲引鸳鸯香径里，手挼红杏蕊。　斗鸭阑干独倚，碧玉搔头斜坠。终日望君君不至，举头闻鹊喜。

冯延巳（903—960），一名延嗣，字正中，广陵（今江苏扬州）人。南唐烈祖（李昪）时为秘书郎，与李璟游处。中主保大中，累官自中书侍郎拜平章事，出镇抚州。后再入相，罢为太子少傅。有《阳春集》。

《南唐书》卷二一载中主曾戏谓词人曰："吹皱一池春水，干卿何事？"而此词开篇之妙，恰在双关，善写春景，又大干人事——春风吹皱的不止是一池春水，也吹动了少妇的心。这"乍起"之"风"，对于少妇意味着什么呢？说"风起吹皱"，可见最初是平滑如镜的，因风微起縠纹，一个"皱"字，描摹出春水微波荡漾有如縠纹般的质感，实在妙于形容。

上片下二句和下片上二句，写少妇情态，看她逗引鸳鸯、搓柔红杏、遍倚鸭阑，总是闲得无聊的样子；玉簪欲坠，可见鬓发蓬松，则是慵懒的样子。总见候人不至的烦恼也。

末二句点出"望君不至"，一转写出"举头闻鹊"（《西京杂记》三即有"乾鹊噪而行人至"之说），使少妇情态发生了微妙的感动。回想篇首说的"风乍起"，是不是即此而言？作如此解会，则前二句是总括，后六句则是细说。结处点到为止，启人遐思。

词之首尾写春日景物，中间写人物动态，无不间接地表现人物心理活动，颇有悬念，是其耐读处。

长命女

(南唐)◎ 冯延巳

春日宴，绿酒一杯歌一遍，再拜陈三愿：一愿郎君千岁，二愿妾身长健；三愿如同梁上燕，岁岁长相见。

此词民歌风味很浓，是冯词中别具一格的作品。或谓其本于白居易诗《赠梦得》。白诗云："为我尽一杯，与君发三愿：一愿世清平，二愿身强健，三愿临老头，数与君相见。"冯作语言及用韵确与白诗相近。但比较起来，冯作却不啻后来居上了。

首先，对饮双杯指天发誓的场面用于写爱情，比用于写友谊似更为合宜。冯词三愿对于人间恩爱夫妇而言则相当典型。在具体描写上，尤以冯作为工。这里不但通过人物语言来抒情，而且通过相应的具体环境描写来烘托人物的思想感情。明媚和煦的春日，不但是一派良辰美景，也象征着宝贵的青春时光。丰盛的酒宴，悦耳的清歌，不但是赏心乐事，也象征着人生的美满。"绿蚁新醅酒"(白居易《问刘十九》)，一个"绿"字(古时所谓"绿"，有时微近黄色)，写出了新酒可爱的颜色，使人如嗅到那醉人的芳香，更增加了生活美好的感觉。凡写景无不含情。结尾的"梁上燕"虽是比喻，却也是春日画堂的眼前景物，此比中亦有赋义。这样，春日、绿酒、清歌、呢喃燕语，构成极美的境界，对于爱情的抒写，是极有力的烘托。冯词与白诗篇幅差不多，但内容格外丰富充实，与此大有关系。

其次，二作都多用数目字，而冯作运用更有特色。全词有"一"、"再"、"三"，"一"、"二"、"三"的重复，前一组表数目，后一组表序数，重复中有变化。"绿酒一杯歌一遍"的两个"一"，孤立地看是两个"一"，结合起来却又会增出新意。盖在此

春宴上，岂只饮一杯酒？每进一杯酒，即歌一遍，则文字上是“一”，事实上又意味“三”或者更多，这与“陈三愿”的“三”之为固定不变的，又自不同。“三愿”表现主人公愿望之强烈。主人公不求富贵，惟愿夫妇相守长久，意愿虽强而所求不奢。较之白诗，去掉了“世清平”一语，而改为“一愿郎君千岁”，与“二愿妾身长健”意思相同，分两句重言之，更见意愿集中而单纯。诗歌形象也更突出。

其三，诗为齐言，词为长短句，形式更活泼，与内容相宜。《长命女》以三五七言句错综为调，安排颇具匠心。此词重在“三愿”，故以最短的句子“春日宴”写环境，颇简妙；而末两句一气贯注作一长句：“三愿如同梁上燕，岁岁长相见。”写的是主人公情意最为深长的一愿，便觉声情合一。诗隔句用韵，词则除了“一愿郎君千岁”句外，句句入韵。形成始轻快，渐徐缓，复入轻快的旋律。不押韵的句子突然出现，即节奏减慢处，恰恰是内容由环境描写转为祝愿之词的地方。这使词的语调具有良好的速度感，明快而不单调，很好地表达了主题。句的长短与韵的多变结合，使此词音情俱美，且给人以新鲜活跳的感觉。

综上三方面，这首词可以说是做到了单纯与丰富、平易与雅致高度统一，深得民歌精髓，化平凡为神奇，“虽置在古乐府，可以无愧”（吴曾《能改斋漫录》）。

浣溪沙

（前蜀）◎ 张　泌

晚逐香车入凤城。东风斜揭绣帘轻，慢回娇眼笑盈盈。

消息未通何计是？便须佯醉且随行。依稀闻道太狂生！

张泌（？—？）里贯不详，《花间集》称张舍人，列于牛峤、毛文锡之间，当为前蜀词人。近人王国维辑有《张舍人词》1卷。

这首词写一幕小小喜剧，鲁迅在一篇杂文中曾戏谓为“唐朝（按当作五代）的钉梢”。

首句就巧妙交代出时间——一个春天（“东风”）傍晚；地点——京都（“凤城”）的近郊；人物——一男（“逐”者）一女（被“逐”者，在“香车”之中）。盖封建时代男女防闲甚严，而在车马杂沓，士女如云，男女界限有所混淆的游春场合，就难免有一见钟情式的恋爱、即兴的追求、一厢情愿的苦恼发生，难免有“钉梢”一类风流韵事的出现，作为对封建禁锢的积极或消极的反应。

首句又单刀直入情节：在游春人众归去的时候，从郊外进城的道路上，一辆华丽的香车迤逦而行，一个骑马的翩翩少年尾随其后。显然，这还只是一种单方面毫无把握的追求。也许那香车再拐几个弯儿，彼此就要永远分手，只留下一片空虚和失望——要是没有后来那阵好风的话。“东风”之来是偶然的。而成功往往不可忽略这种偶然的机缘。当那少年正苦于彼此隔着一层难以逾越的障幕时，这风恰巧像是有意为他揭开了那青色的绣帘。虽是“斜揭”，揭开不多，却也够意思了：他终于得以看见帘后的那人，果然是一双美丽的“娇眼”！而意想不到的是她竟然“慢回娇眼笑盈盈”。这样丢来的眼风，虽则是“慢回”，却已表明她在帘后也

窥探多时。这嫣然一笑，是下意识的勾引，是对“钉梢”不动声色的响应。两情相悦，使这场即兴的追求势必要继续下去了。

这盈盈一笑本是一个“消息”，使那少年搔首踟蹰，心醉神迷。但没有得到语言上的证果，心中不踏实，故仍觉“消息未通”。而进城之后，更不能肆无忌惮，怎样才能达到追求的目的呢？“消息未通何计是”的问句，就写少年的心理活动，颇能传焦急与思索之神。情急生智——“便须佯醉且随行”。醉是假的，紧随不舍才是真的。这套“误随车”的把戏，许能掩人耳目，但岂能瞒过车中那人么？于是：“依稀闻道‘太狂生’！”（“生”为语助词）

这突来的一骂极富生活的情趣。鲁迅说：“上海的摩登少爷要勾搭摩登小姐，首先第一步，是追随不舍”，“第二步便是‘扳谈’；即使骂，也就大有希望。因为一骂便可有言语来往，所以也就是‘扳谈’的开头。”（《二心集·唐朝的钉梢》）这里的一骂虽然不一定会马上引起“扳谈”，但它是那盈盈一笑的继续，是打情骂俏的骂，是“大有希望”的“消息”，将词意推进了一步。

词到此为止，前后片分两步写来，每次都写了男女双边的活动。在郊外，一个放胆追逐，一个则秋波暗送；入城来，一个佯醉随行，一个则佯骂轻狂，前后表现的不同根据在于环境的改变。作者揭示出男女双方内心与表面的不一致甚至矛盾，戳穿了这一套由特定社会生活导演的恋爱的“把戏”，自然产生出浓郁的喜剧效果。此词不涉比兴，亦不务为含蓄，只用白描抒写，它开篇便入情节，结尾只到闻骂为止，结构紧凑、简洁。所写情事，逼肖生活。

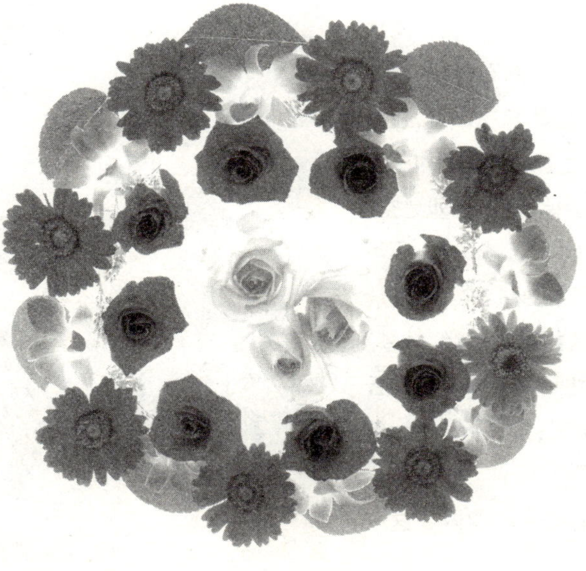

思帝乡

（五代）◎ 孙光宪

如何？遣情情更多。永日水堂帘下，敛羞蛾。六幅罗裙窣地，微行曳碧波。看尽满池疏雨，打团荷。

孙光宪（895?—968），字孟文，自号葆光子，陵州贵平（今四川仁寿）人。唐时为陵州判官。天成初（926）避地江陵，后事南平三世。累官检校秘书少监兼御史中丞。归宋后授黄州刺史。近人王国维辑有《孙中丞词》1卷。

该词写一个女子打发情愁，也即遣情之作。你看她整日在水堂前徘徊，愁眉紧锁。罗裙拖地发出细微的声响，愁思仍然没有结果。她走来走去，百无聊赖地看疏雨滴落在团团的荷叶之上。情愁非但不能排遣，反而加深加重了，所谓“遣情情更多”。小词以描画情态见长，王闿运说它：“常景常语，自然风采。”

我们读婉约词，处处遇“愁”，总有那么多的人——特别是女子——愁肠百结，抑郁难舒，像林黛玉一样整日以泪洗面，字里行间浸泡了眼泪。韩愈说的对：“欢愉之辞难工，而穷苦之言易好也。”（《荆潭唱和诗序》）王国维也说：“欢愉之辞难工，愁苦之言易巧。”（《人间词话删稿》）所以这类言愁之词特多。何况古代的女子地位低，束缚多，愁苦就像雾气一样弥漫，简直内化为一种抑郁的气质了。可供她们排遣情愁的途径也有限，写信写日记，弹琴吟诗，或许可以。下馆子，疯狂购物，游山玩水，只怕不那么容易。打电话，发短信，上网聊天，更是无从谈起。所以，古代的女子更可怜。

词中所写的女子就被情愁所苦，再这样下去，一定会闹出毛病来。最好的办法就是对症下药，找那个引起你情愁的对象去，向他诉说，该怎么样就怎么样，求得解决。如果这样仍然解决不了，还有一种从根本上解决问题的办法，那就是信佛参禅，悟出色即是空，空即是色，“无所有、毕竟空、不可得”，看破，放下，修得个“六根清净”，复归那真如自性。《红楼梦》里的警幻仙姑唱得好：“春梦随云散，飞花逐水流；寄言众儿女，何必觅闲愁？”

只是，有多少人能做到这一点呢?

清平乐

（南唐）◎ 李　煜

李煜（937—978），南唐后主。初名从嘉，字重光，号钟隐。李璟第六子。宋灭南唐后，封违命侯，被毒死。后人将他与其父李璟的词合刻为《南唐二主词》。

别来春半，触目柔肠断。砌下落梅如雪乱，拂了一身还满。　　雁来音信无凭，路遥归梦难成。离恨恰如春草，更行更远还生。

封建帝王到底有没有爱情？历来是一个颇受争议的话题。白居易的《长恨歌》以大量篇幅描写了唐明皇与杨贵妃的爱情，但关于这首诗的主题则众说纷纭，有爱情说，讽喻说，双重主题说等等。据陈鸿《长恨歌传》所载白居易的创作动机，以及作者的处理效果来看，当以爱情说为是。或者有人要说，诗歌创作不能当真，实际情况是，唐明皇将杨贵妃“少女玩过又赐死”。这也有道理。可以说大多数皇帝只是玩弄女性，没有多少爱情可言的。但事情总有特殊之处，封建帝王也是人，也渴望获得真挚的爱情。南唐后主李煜即是其中之一。就像地主，并不都是残酷剥削压迫农民的阶级敌人，有些是靠自己经营有方，勤劳致富的，也没有为富不仁。陈忠实小说《白鹿原》中的主人公白嘉轩是一个地主，但他从来不脱离劳动，待长工如同亲人一般，其人格力量强大，足以服众。抗日战争时期，不也有爱国的开明地主吗？这位“生于深宫之中，长于妇人之手”的李后主，虽然生在帝王家，但“不失其赤子之心者也”。他天资聪颖，勤奋好学，多才多艺，作为帝王他是失败了，但

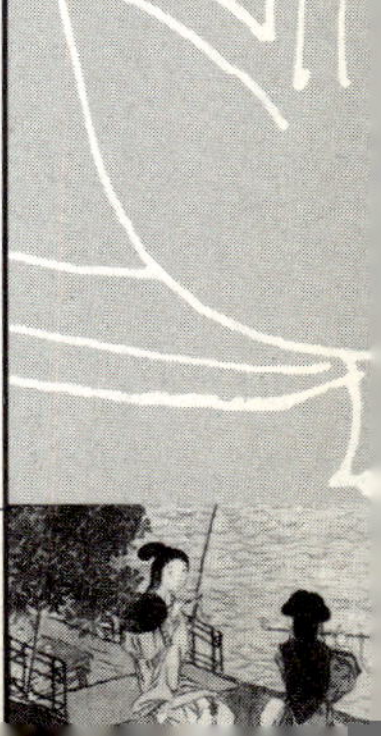

作为一个兼具真性情的词人，却是千古不朽的。

在他的爱情生活中，先后有过两位红粉知音。从马令《南唐书》及李煜的诗词文来看，他与周后娥皇姊妹都发生过刻骨铭心的爱情，尽管在他那里爱情与奢侈淫乐难解难分。娥皇因病去世，后主悲痛欲绝，将赴井，救之获免。他为悼念娥皇写了两首《挽词》，其一曰："珠碎眼前珍，花凋世外春。未销心里恨，又失掌中身。玉笥犹残药，香奁已染尘。前哀将后感，无泪可沾巾。"深情可见一斑。写与娥皇妹妹的偷期密约，狎昵温柔，如《菩萨蛮》其二："蓬莱院闭天台女，画堂昼寝人无语。抛枕翠云光，绣衣闻异香。潜来珠锁动，惊觉银屏梦。慢脸笑盈盈，相看无限情。"975 年，宋军攻破金陵，后主"归为臣虏"，宋太宗赵光义命被封为郑国夫人的小周后入宫陪宴侍寝。李后主虽然过着"此中日夕，只以眼泪洗面"的囚禁生活，但最为痛苦的还是小周后的自身权益无法保障。李煜被毒死后，小周后也失魂落魄，不久饮恨弃世。

《清平乐》写离情别恨，归梦难成。或者以为是写后主忆念弟弟从善的，因为后者如宋不能回。但作为爱情词来读也无所不可，只不知被思念的对象为谁。"离恨恰如春草，更行更远还生"写得极好，"还生"者，又生、更生也。离愁别恨越来越多了。以此喻愁，新颖妥贴，令人玩味。俞平伯赞叹后主言愁的比喻为"入神"之语："于愁则喻春水，于恨则喻春草，颇似重复，而'恰似一江春水向东流'，以长句一气直下，'更行更远还生'，以短语一波三折，句法之变换，直与春水春草之姿态韵味融成一片，外体物情，内抒心象，岂独妙肖，谓之入神可也。虽同一无尽，而长江千里，滔滔一往，绵绵芳草，寸接天涯，其所以无尽则不尽同也。词情调情之吻合，词之至者也。"（俞平伯《读词偶得》）

相思令

（宋）◎林　逋

吴山青，越山青，两岸青山相送迎。谁知离别情？
君泪盈，妾泪盈，罗带同心结未成。江头潮已平。

林逋（967—1028），字君复，钱塘（今浙江杭州）人。早岁浪游江淮间，后归杭州，隐居孤山二十年，种梅养鹤，终身不娶、亦不仕，时称“梅妻鹤子”，卒谥和靖先生。有《林和靖诗集》。

林逋为北宋初期著名隐士，他长期隐居西湖孤山，喜爱梅花白鹤，人称“梅妻鹤子”。死后，宋仁宗赐谥号“和靖先生”。这首《长相思》流露出这位大隐士内心温情缱绻的一面。有人以为爱情会影响隐士的“世外高人”的形象。就像梁·萧统认为《闲情赋》是陶渊明创作中的瑕疵一样，清人卢文弨在《群书拾补·林和靖集》中说：“如‘君泪盈，妾泪盈’云云，岂复似高人之语耶?”这种看法未免迂腐。高人应该是深于人情，而又能看透人情的人，深于人情，故能看透，看透人情，故能悲悯。鲁迅先生有诗曰“无情未必真豪杰”，我们也可以说“无情未必真隐士”。爱情为人之常情，懂得爱情，才称得上“高人”，才是成为“世外高人”的先决条件。

该词视听两美兼具。上片写景，景中有情；下片抒情，情中带景。青山相送，江潮涨满，可与王维“惟有相思似春色，江南江北送君归”比照着读。《长相思》属双调小令，前后片各三平韵，一叠韵，句句协韵，韵位密，一句紧逼一句，宜于表现凄恻之情。白居易同调之作也具有这种效果：“汴水流，泗水流，流到瓜州古渡头。吴山点点愁。思悠悠，恨悠悠，恨到归时方始休。月明人倚楼。”又，该词用“庚青”韵，余音袅袅，韵味悠长。因此，该词音调特别和谐流丽，荡气回肠。这样的词，读来顺口，听来悦耳，直觉觉得它美，意思倒显得次要了。

诉衷情

（宋）◎张　先

张先（990—1078），字子野，湖州乌程（今浙江吴兴）人。天圣八年（1030）进士。曾任吴江令。晏殊知永兴军，辟为通判。官至尚书都官郎中。晚年退居湖杭之间。有《安陆词》（《张子野词》）。

花前月下暂相逢，苦恨阻从容。何况酒醒梦断，花谢月朦胧。　　花不尽，月无穷，两心同。此时愿作，杨柳千丝，绊惹春风。

两心相知，但两情受阻，自是人生一大恨事。李商隐的无题诗多写这种受到阻隔的爱情，譬如："昨夜星辰昨夜风，画楼西畔桂堂东。身无彩凤双飞翼，心有灵犀一点通。隔座送钩春酒暖，分曹射覆蜡灯红。嗟余听鼓应官去，走马兰台类转蓬。"张先的《诉衷情》也表达了类似的感情：花前月下曾经互诉衷肠，虽然短暂，却留下美好的记忆。这记忆不会消失，每年的良辰美景都会引起两心的思念，真希望化身为柳丝，留住春风，永远沉浸在"花前月下"的温馨梦境里。

人生自是有情痴，一夕相逢便成永久的记忆。有情人未必都能成眷属。爱是什么？爱是缘分。得之，为幸；失之，为命。台湾电视剧《新白娘子传奇》内容很俗，但歌词很美，譬如有一段唱词云："十年修得同船渡，百年修得共枕眠，若是千年有造化，白首同心在眼前。"遇没遇到那个人，遇到那个人，又能携手多久，都是缘。是缘，就该珍惜，哪怕只能作为记忆。张爱玲在散文《爱》中写了一个小故事：一个春天的晚上，一个十五六岁的乡村女孩，穿一件月白的衫子，立在后门口，手扶着桃树。她对门的年轻人走了过来，他们从来没有打过招呼的，这次，年轻人轻轻的打了个招呼，她没有说什么，他也没再说什么，站了一会，各自走开了。后来，这位女孩经历无数磨难，但她永远记得那个春天的晚上，那棵桃树和那个年轻人。文章最后说："于千万人之中遇见你所要遇见的人，于千万年之中，时间的无涯的荒野里，没有早一步，也没有晚一步，刚巧赶上了，那也没有别的话可说，惟有轻轻的问一声：'噢，你也在这里吗？'"——这就是缘，到此为止的令人遗憾的缘。我曾经写过一首名为《缘》的小诗，云："时间无始亦无终，相爱人生一点中。追溯前缘缘不断，余波渺渺向虚空。"

蝶恋花

（宋）◎ 晏　殊

槛菊愁烟兰泣露，罗幕轻寒，燕子双飞去。明月不谙离恨苦，斜光到晓穿朱户。　　昨夜西风凋碧树，独上高楼，望断天涯路。欲寄彩笺兼尺素，山长水阔知何处？

晏殊（991—1055），字同叔，抚州临川（今江西抚州）人。景德中赐同进士出身。庆历中官至集贤殿学士、同中书门下平章事兼枢密使。谥元献。有《珠玉词》，清人辑有《晏元献遗文》。

深秋念远怀人之作。上片从清晨写起，回溯通夜失眠情景。词中人因离别亲人，感到孤寂，移情于物，所以感到“菊愁”而“兰泣”，而且使这种感伤与本不相干的烟、露等秋光发生了联系。“罗幕轻寒”与“燕子双飞”本不必有什么联系，但在词中人眼中，双燕似乎是因为不耐罗幕轻寒而飞去，这与其说是在写景，不如说是在抒情。那“轻寒”不仅是主人公身体的感觉，更是心理上的感觉。“明月不谙”二句，既表明月的无知，无知即无过，然而词中人却对它充满怨意，正有力表现了其“离愁苦”。

下片回过头来写早晨起来后登高望远的情事。“西风凋碧树”不仅是即目所见，而且包含夜里所闻。“凋”字作使动用法——不是碧树在风中自凋，而是西风使凋，强烈传达出节物移人之感。本来人在楼中，活动场所极为有限，词人却通过其视野，展示出一片无限寥廓的境界——“望尽天涯路”及后文的“山长水阔”，把读者带进一个高远的、令人神往的境界。语言也洗净铅华，纯用白描，成为词中警句。结尾写望而不见，便想到音书寄远——彩笺指诗笺，尺素指书信，却不知确切通讯地址，从而使得这一强烈愿望落空。一波三折，有力表现了思念的执著和困扰。

此词写深切思念、执著探求的情境，不那么圆融平静了，较为接近冯延巳的词境。它情致深婉，饶有姿态，却又具有一般婉约词所罕见的高远、寥廓而又浑涵的境界，故能产生象征的意蕴——王国维就借用“昨夜西风”三句来描述古今成大事业、大学问的第一种境界，即执著追求。

南歌子

（宋）◎ 欧阳修

凤髻金泥带，龙纹玉掌梳。走来窗下笑相扶。爱道：“画眉深浅入时无？”　　弄笔偎人久，描花试手初。等闲妨了绣功夫。笑问：“鸳鸯两字怎生书？”

欧阳修（1007—1072），字永叔，号醉翁，晚号六一居士，吉水（今属江西）人。“唐宋八大家”之一。天圣八年（1030）进士。曾任枢密副使、参知政事。因议新法与王安石不合，退居颍州。谥文忠。曾与宋祁合修《新唐书》，并独撰《新五代史》。有《欧阳文忠公集》、《六一词》等。

欧阳修的词有雅有俗，词风婉丽清新，“疏隽开子瞻（苏轼），深婉开少游（秦观）”（清·冯煦《蒿庵论词》），名句很多，诸如“平芜尽处是春山，行人更在春山外”，“月上柳梢头，人约黄昏后”，“人生自是有情痴，此恨不关风与月”，“直须看尽洛城花，始共春风容易别”等等。相对而言，这首《南歌子》在欧词中并不算出色，但它有自己的特点。词中引用了唐诗人朱庆馀的《近试上张水部》：“洞房昨夜停红烛，待晓堂前拜舅姑。妆罢低声问夫婿，画眉深浅入时无？”欧词写的大概是新嫁娘，选取了梳妆和描花的两个生活细节，她对郎君的问话，表现出一个新嫁娘的柔媚多情与机智调皮。

在以抒情写景为主的词风中，以议论为词的现象也比较多见。该词却别具一格，它引入了叙事，词中具有一定的形象、细节和场景，有对话，有简单的情节，具有在场感，生活气息比较浓，套用新诗批评的术语，它是“生活抒情诗”。这类词作的一大特点是：抓住生活中特别有意味的瞬间来写，这一瞬间具有动作性、暗示性，能反映人物的个性特点或丰富的心理，它携情韵而行，因而极有情趣。在欧之前，五代的张泌写过几首，比如他的《浣溪沙》："晚逐香车入凤城，东风斜揭绣帘轻，慢回娇眼笑盈盈。消息未通何计是？便须佯醉且随行，依稀闻道太狂生。"极像一出小品或喜剧。柳永的妓情词中也通过一些叙事片段，描画人物的心理活动，写得相当好。欧阳修在前人和同时代人的基础上，有意识地捕捉生活中的这类小品和喜剧，也写了不少。又如《玉楼春》："夜来枕上争闲事，推倒屏山褰绣被。尽人求守不应人，走向碧纱窗下睡。直到起来犹自殢，向道夜来真个醉。大家恶发大家休，毕竟到头谁不是。"小夫妻夜晚躺在床上为一些小事吵嘴，竟至于推倒了屏风，揭翻了绣被，男的好言相求，女的就是不理，男的只好到窗下睡觉。第二天起来还是纠缠不休，男的说因为昨夜真的是喝多了酒，向女的道歉，女的说算了吧，何必计较谁是谁非呢。该词将小夫妻吵嘴的事写得历历在目，妙趣横生。尽管用传统的眼光看，这类词不像词，倒像后来的曲，但它将日常生活细节甚至琐事引入词中，无疑拓展了词的题材领域，增强了词的表现力。俗但不失品位，这也是欧阳修部分词的一大特点吧。

临江仙二首

（宋）◎ 晏几道

其 一

梦后楼台高锁，酒醒帘幕低垂。去年春恨却来时，落花人独立，微雨燕双飞。　　记得小蘋初见，两重心字罗衣。琵琶弦上说相思。当时明月在，曾照彩云归。

晏几道（1040?—1112），字叔原，号小山，抚州临川（今江西抚州）人。晏殊第七子。曾因郑侠上书请罢新法牵连入狱。后任颍昌府许田镇监。晚年退职家居。有《小山词》。

晏几道平生最愉快的，莫过于在沈廉叔、陈君龙家与莲、鸿、蘋、云等歌女们共处的那些日子。好景不长，随着陈君龙卧病，沈廉叔下世，莲、鸿、蘋、云们也流落人间。词中的“梦后”、“酒醒”就意味着陈病沈死，往事“如幻如电，如昨梦前尘”（《小山词序》）。“楼台高锁”、“帘幕低垂”则是陈病沈死后，两家应有的凄清情景，正是“衰柳枯杨，曾为歌舞场，蛛丝儿结满雕梁……”，字里行间，多少人生无常之感。

“去年春恨却来时”的“恨”，是点睛的字面，指的是人去楼空、室迩人远之恨，它融合在伤春的情绪中，又回到心上。词人点到为止，旋点旋飞，即结以景：“落花人独立，微雨燕双飞。”在落花时节，于阴雨之中，双飞之燕，独立之人，构成一种有意味的情景，确是名句。词语实出于五代翁宏诗：“又是春残也，如何出翠帏？落花人独立，微雨燕双飞。寓目魂将断，经年梦亦非。那堪向愁夕，萧飒暮蝉辉。”（《残春》）诗颇不恶，如置晚唐人间，不失佳作。可惜五代诗运衰微，而词体放出了光辉，个别的佳作也就不显不传。所以翁宏的创意造语，经小晏词转用，方大得声称于世。或云此句只宜于词，在诗固不出色，恐未见得。

下片自然沉浸入怀旧的思绪："记得小蘋初见，两重心字罗衣。"小晏词中写到小蘋不止一两处，他如《玉楼春》"小蘋微笑尽妖娆"、《木兰花》"小蘋若解愁春暮，一笑留春春也住"，可见那是一个活泼开朗善笑的姑娘，她给词人的第一印象是那样难以忘怀。词人记得最深的便是"两重心字罗衣"的装束，直接是说衣服上装饰有两排心字图案的花纹，还能引起心心相印的联想。还有便是记得她当时演奏过一曲，"琵琶弦上说相思"，一"说"字尽掠《琵琶行》"低眉信手续续弹，说尽心中无限事"二句之美。从初次见面的印象看，小蘋该是一位多么美丽聪慧的少女呀。

接着词人便追忆宴散后小蘋等归去的情景，抒写伤逝之情："当时明月在，曾照彩云归。"小蘋不知是陈、沈哪一家的歌女，当时必是到另一家侑酒，宴毕便乘月归去。当时明月仍在，小蘋呢，却流转人间，音讯杳无。使人想起李白之"只愁歌舞散，化着彩云飞"（《宫中行乐词》）、白居易之"大都好物不坚牢，彩云易散琉璃碎"（《简简吟》），词句实际上也隐括了两位唐人的诗意，不正面抒情，伤逝之情弥浓。

词先写今春寂寞，后写前时艳遇，本是倒叙，但用"记得"二字一勾，便如顺叙然。

其　二

斗草阶前初见，穿针楼上曾逢。罗裙香露玉钗风。靓妆眉沁绿，羞脸粉生红。　　流水便随春远，行云终与谁同？酒醒长恨锦屏空。相寻梦里路，飞雨落花中。

本词所怀之人，可能是往日晏府中一位侍女。

难忘过去两次相逢：一次是初见，时节当是清明前后，少女踏青时斗草游戏，此女活泼的情态便给小晏留下深刻印象；另一次是在七夕，女子于是夜须穿针乞巧拜新月，且看她裙沾露水，玉钗微颤，粉脸生红，便知两人关系非同一般，却道得空灵。

不料华年似水，伊人亦如行云，不知去向了。词人借酒浇愁，醒后一看，人去屏空，往事只如一梦。而欲向梦中追寻往事，又似飞雨落花一般缥缈难即。流水、行云、飞雨、落花打成一片，使词境更见凄迷、朦胧，有助于词中所抒怀人之情。

雨霖铃

（宋）◎柳　永

寒蝉凄切，对长亭晚，骤雨初歇。都门帐饮无绪，方留恋处，兰舟催发。执手相看泪眼，竟无语凝咽。念去去，千里烟波，暮霭沉沉楚天阔。　　多情自古伤离别。更那堪、冷落清秋节！今宵酒醒何处？杨柳岸、晓风残月。此去经年，应是良辰好景虚设。便纵有、千种风情，更与何人说！

柳永（?—1053），字耆卿，原名三变，字景庄，世称柳七，崇安（今属福建）人。景祐进士。官至屯田员外郎，故又称柳屯田。卒于润州。有《乐章集》。

此词是柳永将往东南飘泊时，与汴京（开封）情人惜别之作。《雨霖铃》为唐时旧曲，据《明皇杂录》云，是唐玄宗避安史之乱幸蜀时，在栈道雨中闻铃悼亡而作，张祜有《雨霖铃》诗系七绝。王灼《碧鸡漫志》谓双调的《雨霖铃慢》系本曲遗声。柳永就充分利用这一曲调声情哀怨的特点来抒写离情。

上片写临别情景。题前之景是先下过一场骤雨，词即从雨后骤起的秋蝉凄厉的嘶声写起，给人以惊秋之感。“长亭”不是专名，凡送别的场合都用得着，词中的长亭应在汴河上。宋代的汴河两岸多柳，柳树多的地方蝉儿总是特别多，暮色苍茫，骤雨初歇，柳条拂岸，四周又响起凄切的蝉声，这是何等动人愁思的情景。男女双方借这一场骤雨延长了相聚的时间，也拖延了开船时间，骤雨一歇，分手的时候也就到了。“都门帐饮”语出江淹《别赋》“帐饮东都，送客金谷”，指在汴京城外长亭饯别。“帐”是郊外憩息的简易设施，然不可刻板，下馆子也可以叫“帐饮”。“无绪”即无心情、无胃口。当一对情人还在那儿恋恋不舍时，舟子早不耐烦，要正点开船。这几句才说“帐饮”，已觉“无绪”；正在“留恋”，又被“催发”，陈匪石《宋词举》谓之“半句一转”，是词中跌宕姿生的笔墨。到这份上，别说已无时间，即使有时间，由于喉头堵得厉害，也是千言万语，不知从何说起。而“泪眼”相看，则是一种无声的语言。以下由一去声的“念”字领起十四字，指示行者去向——汴河南下便是古代楚国地面。这两句是由当前情景过渡到别后情景的写法，展现了楚天山川、道里迢迢的图景，加上了“千里”、“沉沉——阔”的渲染夸张，则不纯是客观的

写景，而是在景色中填充了无边无际的离愁别恨。

下片悬想别后情景。过片不即不离，先宕开一笔，从一己当前的别情中跳出来，上升到一个普遍性的结论——“多情自古伤离别”，将古今人一网打尽。紧接着又以“更那堪”三字将悲秋之思一并揽入，便有气概、有力度。与江淹《别赋》“黯然消魂者，唯别而已矣”、李后主《相见欢》“自是人生长恨水长东”，同属大手笔。由此可悟开拓词境之法。“今宵酒醒何处”三句，回应上文“帐饮”，写到路途中第一个清晨，这才展示汴河岸上的杨柳，并有残月装点，其妙在不仅善状难写之景，而且饱含不尽之意。写出了路途所值景色给人的那种既陌生、凄清而又优美的印象。良辰好景，偏在人孤单时出现，所以有些令人难受。自然引起“此去经年”二句的感慨。词人着想之妙在于，他不去设想别后可能遇到的悲苦，而设想的是别后可能遇到的欢乐。连“良辰好景”、“千种风情”都让人感到难过，那么平常日子、比平常更糟的日子是怎样难捱，就更不必说了。所谓“风情”，是指男女之间快乐的情事。这样的情事只能和心爱的人说去，然而心爱者不在跟前，即使有许许多多的风情，又能向谁去说？

此词为宋元时的“流行金曲”，也是历来共认抒写别情的典范之作。词中所写的生活，是超越时空、为历来青年男女经常体验的生活。容易引起听众的共鸣和爱赏。在写法上，一是情景交融，妙于点染。所谓“点”即情语，所谓“染”即景语。“寒蝉凄切”三句先染光景，“都门帐饮”数句进而铺写情事，煞拍处“千里烟波”二句再染。过片“多情自古”二句点出离别冷落，“今宵酒醒”二句因而染之。“点染之间不得以他语相隔”（刘熙载），从而收到情景相生的效果。二是领字的运用。属于一字领的有“对——长亭晚，骤雨初歇”、“念——去去、千里烟波，暮霭沉沉楚天阔”，属于三字领的有“更那堪、冷落清秋节”、“便纵有、千种风情，更与何人说”，一韵之中，大体一气贯通，特具摇曳多姿的风神。此词所具有的缠绵悱恻的情绪变化，和被评为只合十七八女郎执红牙板歌唱的袅娜多姿的抒情性，同这种句法组织分不开；慢词具有的既口语化又有很强的音乐节奏感的特点，也与此有关。三是关键处运用双声叠韵以协调音情，起到了极佳的语感效果。开篇“寒蝉凄切”就是叠韵加双声，鼻韵和舌声联绵，就能微妙地传达景中的声情。“无语凝咽”亦叠韵加双声，而较为低沉。“冷落清秋节”、“今宵酒醒”全是双声字、舌齿音，宜于表现一种凄清的情景。也是其获得成功的原因之一。

蝶恋花

（宋）◎ 柳　永

伫倚危楼风细细。望极春愁，黯黯生天际。草色烟光残照里，无言谁会凭栏意。　　拟把疏狂图一醉。对酒当歌，强乐还无味。衣带渐宽终不悔，为伊消得人憔悴！

该词写春愁，采用了平铺直叙的写法，但层层加码，平中有曲。词人登楼望远，只觉春愁从天边渐渐升起，草色烟光无不被春愁笼罩，至矣尽矣，无以加矣。这是一层。春愁难遣，无人领会，且狂放不羁地大醉一场吧！但"抽刀断水水更流，举杯消愁愁更愁"（李白诗），勉强寻乐，很快便觉无聊。这是第二层。于是逼出了最后两句："衣带渐宽终不悔，为伊消得人憔悴！""消"犹言经得起，如辛弃疾"更能消几番风雨"（《摸鱼儿》）。为了"伊"这个理想中的美人，"虽九死其犹未悔"（《离骚》），一往情深，斩钉截铁。这是第三层。该词一波三折，平中见奇。

王国维称最后两句也是"专作情语而绝妙者"的名句之一，它"绝妙"在何处呢？前文的层层铺垫是一个原因，更主要的是这种情感态度的强烈感染力。柳永在《婆罗门令》一词的最后写道："好景良天，彼此空有相怜意，未有相怜计。"是从女子的角度来写的。这首《蝶恋花》则从男子角度来写，两词的背景大约差不多吧。《婆罗门令》徒唤奈何，《蝶恋花》则态度坚决。这种决绝的态度在爱情诗词中并不多见，汉乐府民歌《上邪》属此："上邪！我欲与君相知，长命无绝衰。山无陵，江水为竭，冬雷震震，夏雨雪，天地合，乃敢与君绝！"又如晚唐韩偓的诗句："菊露泣罗幕，梨霜恻锦衾。此生终独宿，到死誓相寻。"（《别绪》）皆有掐臂见血，一鞭一道痕的感觉。悲愁积累到一定程度，不是感伤消沉，就是义无反顾的爆发。而诗词中的感伤消沉实在太多了，就像中国的古典音乐，迷恋静，声音越来越细，越来越弱，气若游丝，终至于无，少了西洋音乐的一种动荡的精神和扩张的力！顾随说韩偓《别绪》表达的是对将来爱的追求，"'此生终独宿，到死誓相寻'写得真严肃，做事业、做学问应有此精神，失败了也认了"（《顾随诗词讲记》）。这种精神也就是尼采所讲的悲剧英雄精神，他说："这是英雄的灵魂，它们在悲剧的残酷中自我肯定，坚强得足以把苦难当作快乐来感受。"（《作为艺术的强力意志》）柳永词与韩偓诗均表达了这种悲剧精神，其主人公都是悲剧英雄。

苏轼（1037—1101），字子瞻，一字和仲，号东坡居士，眉州眉山（今属四川）人。苏洵子。嘉祐进士。曾上书力言王安石新法之弊，因作诗刺新法下御史狱，贬黄州。哲宗时任翰林学士，曾出知杭州、颍州，官至礼部尚书。后又贬谪惠州、儋州。历州郡多惠政。卒谥文忠。有《东坡七集》、《东坡易传》、《东坡书传》、《东坡乐府》等。

江城子·乙卯正月二十日记梦

（宋）◎苏　轼

十年生死两茫茫，不思量，自难忘。千里孤坟，无处话凄凉。纵使相逢应不识，尘满面，鬓如霜。　夜来幽梦忽还乡。小轩窗，正梳妆。相顾无言，唯有泪千行。料得年年肠断处，明月夜，短松岗。

这是一首悼亡之作，也是一首感伤之作。作者发妻王弗于治平二年（1065）死于京师，明年迁葬眉之东北彭山县安镇乡可龙里，至熙宁八年（1075）作此词时正好十年。全词通过记梦，暗用白居易诗“悠悠生死别经年”、“两处茫茫皆不见”、“一别音容两渺茫”、“此恨绵绵无绝期”等语意，深刻地表现了人生长恨的主题。

一说没法忘记：谁说时间可以抹去一切？有些人是一辈子也不会忘记的，有些爱是再痛苦也不忍心忘记的。如一句话剧台词所说：“爱他，是我做过的最好的事。”（《恋爱的犀牛》）有一首歌词说：“从来不需要想起，永远也不会忘记。”这就是“不思量，自难忘”的意思了。真正深入你骨髓、血液中的爱又怎么会因为这个人不在你身边就忘记了呢？无论这个人在何处，十年相隔也好，千里相隔也好，生死相隔也好，一切早刻在你的心里。只要心还在，就没法忘记。

再说无能为力：最痛苦的事莫过于在两个人热恋时被迫生生分离，眼看着你爱的人远去、死去、消失，却无能为力。“千里孤坟，无处话凄凉”，死去的人再也不会活过来，离去的人再也不会回来，甚至连可以凭吊的东西也找不到。除了从心

里寻找痕迹，再也找不到一点确实的凭据，证明这个人真的存在过。一切就像一场大梦，再也看不到她的笑容，再也听不到她的声音，写出的信再也不被回复，找不到一点和她联系的方式。人在凄凉的处境中，渴望倾诉，却再也无法向她倾诉衷肠。唯一表示她存在过的竟是坟墓，可连坟墓也在千里之外。

三说不堪回首：就算真的再相逢，两人也成了陌生人，岁月在每个人身上都刻下痕迹。“纵使相逢应不识，尘满面，鬓如霜”，青春已逝，光阴的流逝改变了两个人，站在她面前的好像已经不再是那个她曾爱的人，好像不是她日夜思念的那个人。由于不在身边，关照不到，他改变得太厉害，几乎认不出来。字里行间，暗示着妻子生前对他在生活上的关照和心灵上的抚慰、排遣。纵使痛心，也无法挽回，无法弥补。“夜来幽梦忽还乡”，遥接“不思量，自难忘”。“小轩窗，正梳妆”，对于新婚的男人，乃是一种视觉享受。然而在梦中，却产生了距离感。梦里相逢，是莫名其妙地久久地失语，不停流泪。

最后说人生之谜：命运为什么如此冷酷？为什么越是追求越是事与愿违？为什么人们那么渴望爱，渴望天长地久，渴望幸福，可是谁也得不到？“料得年年肠断处，明月夜，短松岗”，牢记只能换来年年断肠之痛，为什么还是舍不得遗忘？为什么几天的幸福要付出几个月、几年甚至一生的痛苦作代价？为什么有的人是这么不可替代，这个人究竟有什么魔力？为什么越珍贵的东西越要失去？为什么失去了就再也找不回来？这些追问，有谁能够回答？

王国维说：“词以境界为最上。有境界则自成高格，自有名句。五代、北宋之词所以独绝者在此。”(《人间词话》)感伤诗词的创作和欣赏，都是对积郁的一种释放，其结果必然是获得轻松，获得审美的享受。晚唐到北宋词多立足女性本位，多绮艳之作。此词将悼亡引入词体创作，而且出以白描手法，也可以说是“一洗绮罗香泽之态”了。

蝶恋花

（宋）◎苏　轼

花褪残红青杏小。燕子飞时，绿水人家绕。枝上柳绵吹又少，天涯何处无芳草。　墙里秋千墙外道。墙外行人，墙里佳人笑。笑渐不闻声渐悄，多情却被无情恼。

苏轼词不仅有“关西大汉执铜琶铁板，唱大江东去”的豪放风格，也有“十七八女孩儿，执红牙拍板，唱杨柳岸晓风残月”的婉约风格，这一阕《蝶恋花》即是。苏轼一生身陷新旧党派之争，屡遭贬谪，好在诗人练就一副豁达爽朗的性情，并不怎样悲观。该词写于被贬岭南之后，感伤之中透着幽默，无奈之际聊以自嘲。

词的上片写春景，下片写春情。上片乃是伤春。对“天涯何处无芳草”一句，解释者常引《离骚》“何所独无芳草兮，尔何怀乎故宇”为证，认为是失望之后的希望、达观，今人也常用此句当作对失恋者的安慰语。我倒觉得仍是伤春语。你看，芳草长遍天涯，不就是春已暮，春将去吗？它顺承上句“枝上柳绵吹又少”，而不是反转。据记载，这两句具有摄人心魄的艺术力量，“子瞻在惠州时，青女初至，落木萧萧，凄然悲秋。命朝云歌此词。朝云歌喉将转，泪满衣襟。诘其故，答曰：‘奴不能歌，是“枝上柳绵”句也。’子瞻笑曰：‘吾正悲秋，而汝又伤春矣。’后朝云遂亡，子瞻终身不复听此词。”（清·黄氏《蓼园词评》引《林下词谈》）

上片点出“人家”，所写当为环绕人家的景物，为下片院墙、佳人的出场铺垫。一“绕”字，又彷佛暗示“行人”（诗人自己？）也在这人家周围徘徊、遣闷，或者心有所向亦未可知。下片用了显隐法。墙外、墙里，行人、佳人，多情、无情，两两对照，

极有意思。行人听见院墙内有美人荡秋千，传出银铃般的笑声，就驻足聆听、欣赏，并渴望能与美人之间发生点什么事。这是显。爱美之心人皆有之，由“巧笑倩兮”，进而想象美人的姿态，“美目盼兮”。这是隐，给读者留下了大量空白，没有“绮罗香泽”，却有吸引人的艺术魅力。但美人不知道墙外有人，她已经荡罢秋千，径自离去了，故曰“无情”，行人欲欣赏而不能，徒增烦恼而已。一方心生爱慕，一方浑然无觉，高墙阻隔，欲亲密接触而不得，于之奈何？结局仍是伤情，只不过被喜剧性情境冲淡罢了。有人作诗曰：“人自多情情非多，花自无情情不少。自古此恨未能免，且向花间留晚照。”

关于此词大旨，曾有人撰文，以为表达了禅思，是求之过深。关于最后一句，或者以为恼者是佳人，她讨厌行人的多情，彷佛行人在搞性骚扰，倒也有趣，只是与上文的语境不合。

减字木兰花

（宋）◎ 魏夫人

落花飞絮，杳杳天涯人甚处？欲寄相思，春尽衡阳雁渐稀。
离肠泪眼，肠断泪痕流不断。明月西楼，一曲栏杆一倍愁。

魏夫人，北宋女词人。即曾布妻魏氏。名字及生卒年均不详。

上片写景，下片抒情，这是不少词作的通常写法。但也有一反常规，把情景打成一片，双管齐下，从而收到情景交融的特殊效果。魏夫人这首《减字木兰花》就是这样，表现出明显的特色。

上片开始两句，第一句写景，第二句紧接着就出以感情强烈的问句，表现出对远在天涯的情人的深深思念和无限关切。写景是采用赋法，即直陈其事，但赋中又有兴，因见“落花飞絮”，而感春天将尽，光阴流逝，人未团聚，流露出怅惘的情思，这样自然引出下句，互相扣合，密不可分。第三、四句变换手法，倒过来先抒情后写景，满怀相思之意，在稀疏的归雁中，无法传递，难以寄托，思念之苦，倍觉深沉。这样，情景交相融合，错综穿插，把词中对离人的思念，表达得真切生动，委婉有致。

到了下片，情和景融合得更加紧密。由于相思甚切，音讯难通，抒情主人公不禁柔肠寸断，涕泪长流了，她（或他）在明月之夜登上西楼，靠着栏杆眺望，每到一处，那愁苦都在不断增加。这里，“离肠泪眼”、“明月西楼”，看似状物写景，其实都与下句相连，景语和情语融合无间，思念之苦，表现得更为淋漓尽致，字字句句都充满着感动人心的力量。这正如王夫之所说的：“情景名为二，而实不可离，神于诗者，妙合无垠。”（《夕堂永日绪论·内编》）

值得一提的是，“离肠泪眼，肠断泪痕流不断”，句法新颖，颇具巧思。作者先用四字点出“离肠”、“泪眼”，然后在下一句分承，即“离肠”——“肠断”，“泪眼”——“泪痕流不断”。仅是“离肠”、“泪眼”，已经使人觉得伤怀，分承之后，作了进一步的强调，更加形象，使离愁别绪更显强烈。而“断”和“不断”，又有相互比较、相互映发和回还往复之意，主人公的悲愁万端的心绪，得到了更为深刻的表现。这两句虽然“巧”，但却不“纤”，在全词流利畅达而情思深沉的风格中显得十分自然，从中可见作者娴熟的技巧和深厚的功力。

卜算子

（宋）◎ 李之仪

我住长江头，君住长江尾。日日思君不见君，共饮长江水。

此水几时休？此恨何时已？只愿君心似我心，定不负相思意。

这是李之仪《姑溪词》中最为著名的一首，一直传颂不衰。为什么呢？

第一，该词歌颂坚贞执著的爱情，表达了人们的美好愿望。词的最后两句从五代·顾敻“换我心，为你心，始知相忆深”句中化出，也似苏轼的“但愿人长久，千里共婵娟”。

第二，构思上，用大家熟悉的长江作比，贴切大方。词人巧借长江将两人连接起来，借长江水以传情，使情不虚，虽然远隔千里，相思却如江水滔滔不绝。词婉约，却大方，不贫。

第三，语言口语化，音乐化，有民歌风味，易记易颂。

总之，该词质朴隽永，艺术性高，明人毛晋《姑溪词跋》推许为“古乐府俊语”。这类词不容易写，搞得不好流于滑易。

李之仪（？—1117），字端叔，晚号姑溪居士、姑溪老农。沧州无棣（今属山东）人。熙宁三年（1070）进士。苏轼知定州时为僚属，后官枢密院编修。有《姑溪词》。

满庭芳

（宋）◎秦　观

山抹微云，天粘衰草。画角声断谯门。暂停征棹，聊共引离尊。多少蓬莱旧事，空回首、烟霭纷纷。斜阳外，寒鸦数点，流水绕孤村。　　销魂，当此际，香囊暗解，罗带轻分。谩赢得青楼，薄幸名存。此去何时见也？襟袖上、空惹啼痕。伤情处，高城望断，灯火已黄昏。

秦观（1049—1100），字少游，又字太虚，号淮海居士，高邮（今属江苏）人。“苏门四学士”之一。元丰八年（1085）进士。曾任秘书省正字，兼国史院编修官等职。坐元祐党籍，累遭贬谪。有《淮海集》。

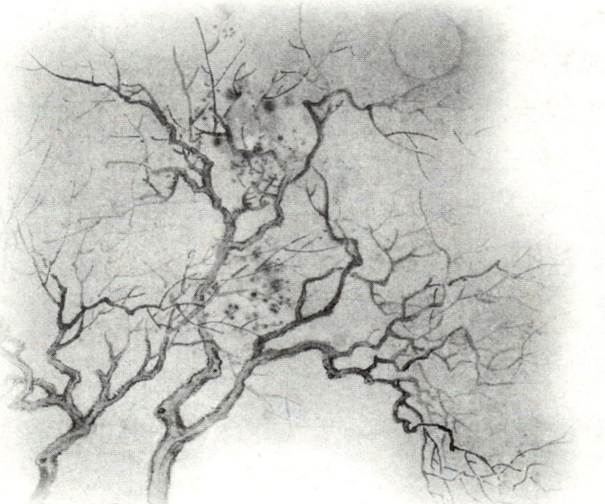

元丰二年（1079）冬作。秦观在这年春天为觐省在会稽为官的叔父并祖父，离家入越，当时知越州的程公辟馆之于蓬莱阁，先后作有《会蓬莱阁》、《次韵公辟将受代书蓬莱阁》等诗。离越时又写了《别程公辟给事》，结云“买舟江上辞公去，回首蓬莱梦寐中”，诗中还以唐时越妓盛小丛喻指会稽歌妓，《艺苑雌黄》谓此词即为所悦歌妓而作，决非信口雌黄。此词以抒别情为主，其时少游尚未登第，艳情和身世之感亦寓词中。

上片从绘景开笔。凡词调以两个四言句发端的，大都要求对仗工稳。此词一起的“山抹微云”二句，就有先声夺人之妙，一向脍炙人口，差不多成了作者的金字招牌——苏轼就给了他一顶“山抹微云秦学士”的桂冠，以配“露花倒影柳屯田”；而作者的女婿范温，在一个派对上自我介绍为“山抹微云女婿”，引得满座发笑。二句妙在“抹”、“粘”两字。什么叫抹？抹就是涂抹（杜诗“晓妆随手抹”），以一色重置底色之上，有透明或不透明之感；粘即粘贴（张祜《草》“草色粘天鹧鸪恨”），以一物附着于一物之上，有空间层次之感。写景如画，传出极目天涯之意。

“画角声断”一句，点出时已黄昏。盖宋代以吹角于城楼（“谯门”是城上望远的楼）以报昏晓，词中常见（如姜夔“渐黄昏、清角吹寒，都在空城”）。“暂停征棹”

二句点饯别情事。征棹只是“暂停”，离尊只是“聊共”——传达出临别无可奈何的惆怅。“多少蓬莱旧事”二句紧承上意，通过回忆往日的情爱，写好景不长、怅怅恋恋的心情。“烟霭纷纷”既是即目所见之景，又双关往事如烟之意，情景交融，不著痕迹。“空回首”的“空”字，表现的是无可奈何的惆怅。

煞拍“斜阳外”三句进一步描写暮色，“虽不识字人，亦知是天生好言语”（晁补之语）。它从隋炀帝“寒鸦千万点，流水绕孤村”脱化而来，又为元人马致远《天净沙》所祖述。景语亦情语——盖天色已暮，归鸦成阵，行人却在此际出发；流水绕村，似有万种依恋，然而不得不流向远方，何也？

换头直以情起。“销魂”二字一韵，出于江淹《别赋》“黯然销魂者，唯别而已矣”，暗点题旨。“香囊暗解”二句遥承“暂停征棹”，写话别情事。盖古代男子有系香囊的习俗，香囊暗解，是赠对方以为纪念。古代女子衣带的结法有种种花式，其一为菱形连环回文结，谓之“同心结”，象征永不分离；“罗带轻分”则意谓从此分飞，所谓“君泪盈，妾泪盈，罗带同心结未成”（林逋《相思令》）。这和柳永《雨霖铃》“方留恋处，兰舟催发，执手相看泪眼，竟无语凝咽”情景神似，无怪苏轼要说是“学柳七作词”。“轻分”兼含轻轻拆开罗带与轻易别离双重含义，后一义自然引起“薄幸”一念。

杜牧《遣怀》“十年一觉扬州梦，赢得青楼薄幸名”，实际概括了小杜《遣怀》、《赠别》二诗的题旨。后来姜夔《扬州慢》“杜郎俊赏”六句也用了这两首诗意。他们虽然都提到“青楼”，但表达的并不是轻薄的意绪，都含有身世之感。此词著一“谩”字，则有不期然而然之意，暗示并非自己轻别、更非真的薄幸。本来自以为认真，不知怎么倒成了“逢场作戏”。盖作者当时年届而立，而功名未成，用杜牧诗意，正是心有灵犀、兼写爱情与仕途两不得意，故周济指出此词是“将身世之感打并入艳情，又是一法”，可谓具眼。“此去何时见也”两句问而不答，正是无法回答。“空惹啼痕”句是第二次使用“空”字，写无奈的心情。

结尾三句，以“伤情处”挽住情语，以下复以景结。“高城望断”与

篇首极目天涯呼应，这时人在舟中，离越州城越来越远，回望先时别处，高城渐渐隐入暮色之中，唯见一片灯火闪烁而已。全词将情、景事熔为一炉，点到情事的地方有两处，即“暂停征棹”二句、“香囊暗解”二句，但这是作品抒情的基础；首尾及中幅以写景贯穿，从山抹微云——烟霭纷纷——寒鸦成阵——高城灯火，时间流逝亦见乎其中，与柳永《雨霖铃》的笔法差不多。特以融入杜牧诗意，打并入身世之感，与柳词专写离别相思不同。

据《本事词》、《能改斋漫录》载，当时西湖有歌妓琴操，听人将秦观此词第一韵误记为“画角声断斜阳”，遂改全词作“阳”韵：“山抹微云，天粘衰草，画角声断斜阳。暂停征棹，聊共饮离觞。多少蓬莱旧事，空回首、烟霭茫茫。孤村里、寒鸦万点，流水绕低墙。

魂伤，当此际，轻分罗带，暗解香囊。谩赢得青楼，薄幸名狂。此去何时见也?襟袖上，空惹余香。伤情处，高城望断，灯火已昏黄。”

据说苏轼听了，十分称赏。按原作“文”韵，口型小而声韵细，属柔和级，表情凄楚、沉痛。改作“阳”韵，口型大而声韵响，属洪亮级，表情转觉悲凉、苍莽，显然更合苏轼的口味，而非秦观本色。

江城子

（宋）◎秦　观

西城杨柳弄春柔，动离忧，泪难收。犹记多情曾为系归舟。碧野朱桥当日事，人不见，水空流。　　韶华不为少年留。恨悠悠，几时休？飞絮落花时候一登楼。便做春江都是泪，流不尽，许多愁。

这是一首暮春怀人之作。上片是由杨柳勾起的回忆，下片是抒情中所作的比兴修辞，均自然而具特色。

杨柳在词中扮演了一个重要角色，首句便是“西城杨柳弄春柔”。这柳色，通常能使人联想到青春及青春易逝，又可以使人感春伤别。“弄春柔”的“柔”字，便有百种柔情，“弄”字则有故意撩拨之意。赋予无情景物以有情，寓拟人之法于无意中（试比较张先“云破月来花弄影”的名句）。“杨柳弄春柔”的结果，便是惹得人“动离忧，泪难收”。

“泪”字是词中又一个关键字，直通篇末的“水空流”。因柳，词人有所感忆：“犹记多情曾为系归舟。碧野朱桥当日事，人不见，水空流。”这里给读者足够的暗示，这杨柳不是任何别的地方的杨柳，而是靠近水驿的长亭之柳，所以当年曾系归舟，曾有离别情事在这地方发生。那时候，一对情侣或至友，就踏过红色的板桥，眺望春草萋萋的原野，在这儿话别。一切都记忆犹新，可是眼前呢，风景不殊，

人儿已天各一方了。“水空流”三字表达的惆怅是深长的。在写“泪”之后写到“水”，似不经意，其实已为下片煞拍的设喻作了伏笔，这正是词中机杼所在。

好景不常，凡人都有这类感慨。过片却特别强调“韵华不为少年留”，那是因为少年既是风华正茂，又特别善感的缘故，所谓既得之，患失之。“恨悠悠，几时休”两句无形中又与前文的“泪难收”、“水空留”唱和了一次，这样，一个巧妙的比喻水到渠成。只需要一个适当的诱因，于是便有“飞絮落花时节一登楼”的描写。“一登楼”，可见不常登楼。而不登则已，“一登”就在这杨花似雪的暮春时候，真正是伤如之何？感如之何？这就逼出最后的妙喻：“便做春江都是泪，流不尽，许多愁。”它妙就妙在一下子将从篇首开始逐渐写出的泪流、水流、恨流挽合做一江春水，滔滔不尽地向东奔去，使读者沉浸在感情的洪流中。这比喻不是突如其来的，而是逐渐汇合的，说它水到渠成，也就是说它自然而具特色。

至此，读者便会感到这比喻又显然受到李后主“问君能有几多愁，恰似一江春水向东流”名句的影响，甚至可以说是从此翻新的。那么它新在何处呢？细味后主之句作问答语，感情是哀痛而澎湃汹涌的；少游之句改作假设语（“便做”），语气就委婉得多，表达的感情则较缠绵伤感。前者之美是“阳刚”的，后者却稍近“阴柔”；都是为具体的情感内容所制约，故各得其宜。

青玉案

（宋）◎ 贺　铸

凌波不过横塘路，但目送，芳尘去。锦瑟华年谁与度？月桥花院，琐窗朱户，只有春知处。　碧云冉冉蘅皋暮，彩笔新题断肠句。试问闲愁都几许？一川烟草，满城风絮，梅子黄时雨。

贺铸（1052—1125），字方回，号庆湖遗老。卫州共城（今河南辉县）人。宋太祖孝惠皇后族孙。授右班殿直。元祐中，通判泗州，又倅太平州。晚居吴下。有《庆湖遗老集》、《东山词》（《东山寓声乐府》）。

作于晚年隐居苏州时，作者当时在横塘附近筑了“企鸿居”，室名得自曹植《洛神赋》，此词亦多用曹赋中语（“凌波”、“芳尘”、“蘅皋”）。曹赋历来被认为是为“感甄”而作，而贺铸所企之“鸿”，则应是理想“美人”的代称。此词乃藉美人香草之辞，关合所志不遂，孤寂自守的情怀，所谓深得楚骚遗韵者。

起三句用曹赋“凌波微步，罗袜生尘”，谓理想的美人可望不可及，她不到横塘这边来，自己只能目送她远去。显然这不是纪实，而纯属造境。“锦瑟华年”四句用《锦瑟》诗意，想象这美人儿住在一个人迹罕至的神仙洞府，“只有春知处”就是无人知其住处的委婉说法。显然这也不是纪实，而有志趣高洁、盛年不偶之托喻。

过片“碧云冉冉”二句，承前“凌波不过”句，谓美人期盼不来，遂有感伤之作。“碧云”出江淹《杂体诗》，“彩笔”亦用江淹梦得郭璞彩笔事。以上“凌波”、“芳尘”、“锦瑟”、“月桥”、“花院”、“琐窗”、“朱户”、“碧云”、“蘅皋”、“彩笔”多用藻绘绮丽之辞，正所谓“其志洁，故其称物芳”（《屈原列传》），正所谓“幽洁如屈宋”也。

然而使这首词享誉词林的，还是“试问闲愁都几许”一问带起的三喻，即所谓“博喻”，其穷形尽相，自胜于单一的比喻。这组喻象各有所司，共同赋予抽象的闲愁以具体形象——“一川烟草”状愁绪之多，“满城风絮”状愁思之乱，“梅子黄时雨”状愁之绵绵不断，各拟一端，创意独到。三句所写，又不止是喻象，合起来又是一幅江南春末夏初典型的景色。盖作者寓居苏州，对江南景物有极细的观察，故信手拈来，遂成妙谛。因而三句既得对“试问”一句的回答，又像是撇开此问而以景结，有意无意，其味益厚。

此词一出，时人皆服其工，作者因此得了个“贺梅子”的雅号。黄庭坚寄诗曰：“少游醉卧古藤下，谁与愁眉唱一杯？解道江南断肠句，只今惟有贺方回。”是说秦观死后，贺铸无敌。“断肠句”即以此词“彩笔新题断肠句”来代称全词。

鹧鸪天

（宋）◎贺 铸

重过阊门万事非，同来何事不同归？梧桐半死清霜后，头白鸳鸯失伴飞。　　原上草，露初晞，旧栖新垄两依依。空床卧听南窗雨，谁复挑灯夜补衣？

词作于苏州，系悼亡妻赵氏之作。作者曾因服母丧居苏州，元符三年（1100）冬一度北上，赵氏夫人约死于北行前，而本篇则作于北行返回后。

首二句开门见山，直抒胸臆。“阊门”乃苏州西门，“重过万事非”云云，一反物是人非的说法，而说不但人非，而且万事皆非。可见作者在生活中对赵氏依赖之深，不可须臾离的，离了一切乱套。“同来何事不同归”一问沉痛深至，好像是赵氏故意扔下他不管似的，这话无理，然而多情。人们在哭难舍难分的亲人时都是这么哭的。

“梧桐半死”二句对举两喻开始造境，上句活用枚乘《七发》“龙门之桐”“其根半死半生”，然而把夫妻比作一棵树，就比“两棵树”的比喻更觉同气连枝，死了一半，另一半还有什么生趣？俗话说“少年夫妻老来伴”，共同生活越久，感情越深。世间中年丧妻，多另娶新人，重照结婚照者。俗谚云“夫妻本是同林鸟，大限来时各自飞”——然少年丧妻，何如老年丧妻之痛！“头白鸳鸯”句，语工而意新，有恨不与尔同死生之慨，令人一读难忘。

过片再造境。以荒原、衰草、旧栖、新垄连后文之空床、夜雨，构成一幅悲凉的画面，造就孤独寂寞的气氛。“原上草，露初晞”出古乐府，喻人生短暂，兼关新垄。“旧栖”与“新垄”对举，以见二情生死不渝。末二句再抒情，而上句融入空床夜雨之景，下句包含对往事的回忆。这里不仅是写孤栖的寂寞，长夜的失眠，还反映了亡妻对词人一向的体贴、关怀，夫妻相濡以沫及生活的清苦，还有词人对亡妻的怀念之情。虽情语，极耐味。盖赵氏虽出宗室，然备极贤惠，能以勤俭持家，一如韦丛。而此词亦不让元才子悼亡诗专美于前矣。

全词首尾作情语，中幅深入造境，语新意工，尤以“梧桐半死”、“头白鸳鸯”二语，以及末句之问，发人所未发，不可多得。

踏莎行

（宋）◎贺　铸

杨柳回塘，鸳鸯别浦，绿萍涨断莲舟路。断无蜂蝶慕幽香，红衣脱尽芳心苦。　　返照迎潮，行云带雨，依依似与骚人语：当年不肯嫁春风，无端却被秋风误。

此词咏荷。荷"出淤泥而不染，濯清涟而不妖"，向来比拟人的品格高洁。她生长在幽僻的回塘、别浦，好处无人能见，依依的杨柳、成双成对的鸳鸯，反衬出荷的孤寂。水面涨满了浮萍，阻断了道路，连采莲舟也来不了。采莲舟来不了，蜂蝶应该能飞来吧？然而也无！直到红花落尽，莲子结成，唯有芳心独苦。上片层层进逼，写尽了荷的幽怨哀思。令人想起王维的《辛夷坞》："木末芙蓉花，山中发红萼。涧户寂无人，纷纷开且落。"不过王维的诗营造了禅境，贺铸的词则饱含着怨望。《离骚》有诗云："制芰荷以为衣兮，集芙蓉以为裳。"骚人就被当作荷的知音。在傍晚的阴郁的环境里，荷好像在向诗人低低倾诉：当年不肯与百花争宠取媚于春天，但现在又无端地被秋风所耽误。

"嫁春风"，本出自李贺《南园》诗的"嫁与春风不用媒"，与韩偓《记恨》的"莲花不肯嫁春风"意思相同，反用了张先《一丛花令》"沉恨细思，不如桃杏，犹解嫁东风"之意。咏物之作，有寄托才高。该词咏荷，分明又在写佳人。这位佳人品性

高洁，孤芳自赏，以至于美人迟暮，误了婚姻大事。而这位总是失意的佳人又寄托了作者的身世之悲，寄托了他仕途坎坷，沉沦下僚的不幸。据史料记载，贺铸使酒尚气，人以为侠，喜谈世事，对不中意的权贵也毫不留情地加以谴责。但他外刚内柔，本质上又是个羞涩、柔情的人。这样的人自然不会趋赴逢迎，因而怀才不遇。借美人香草以喻君子是离骚的传统，贺词善用比兴寄托，他尝说“比兴深者通物理……气出于言外浩然不可屈。”(《苕溪渔隐丛话》前集卷三十七引《王直方诗话》)也即，他善于用比兴表达他的“浩然不可屈”之气。陈廷焯说：“此词骚情雅意，哀怨无端，读者亦不自知何以心醉，何以泪堕。”(《白雨斋词话》卷一)陈又说：“此词必有所指，特借荷寓言耳，通首如怨如慕，如泣如诉，有多少惋惜，有多少慨叹！淋漓顿挫，一唱三叹，真能压倒古今。”(陈廷焯《云韶集》卷三)沈祖棻《宋词赏析》说得更直接：“以美女之不肯轻易嫁人比贤士之不肯随便出仕，所以也往往以美女之因择夫过严而迟迟不能结婚以致耽误了青春年少的悲哀，比贤士之因择主、择官过严而迟迟不能任职以致耽误了建立功业的机会的痛苦。”因为蕴含了多层意思，所以耐咀嚼，令人感发无穷。

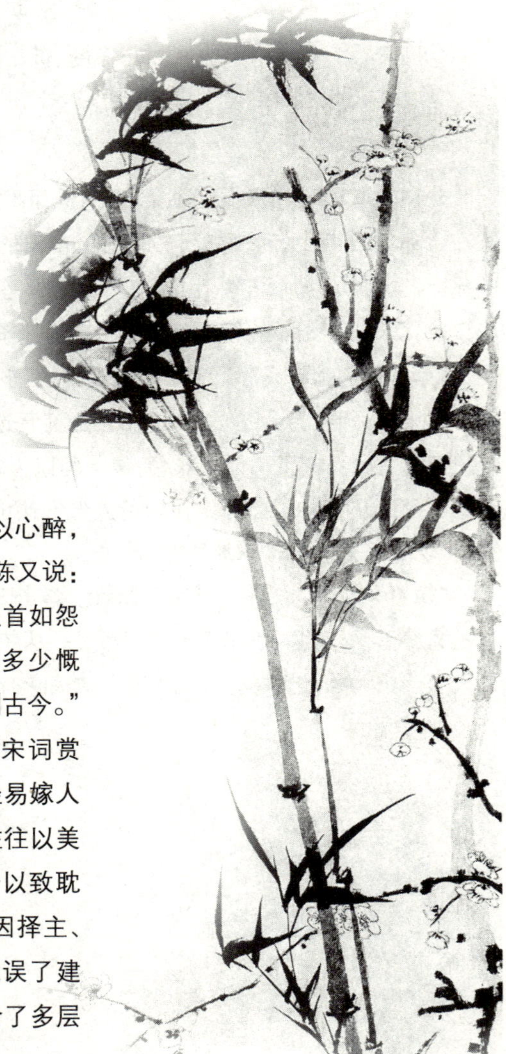

该词每句的字数分别为：四四七七七，四四七七七，奇偶相生。仄声韵奠定了一种拗怒的基调，但又间隔以“塘”、“香”、“潮”、“风”平声句脚，使气氛略趋缓和，形成长吁短叹的幽怨情调。形式与内容达到和谐统一。

少年游

（宋）◎ 周邦彦

并刀如水，吴盐胜雪，纤手破新橙。锦幄初温，兽烟不断，相对坐调笙。　低声问：向谁行宿？城上已三更。马滑霜浓，不如休去，直是少人行。

周邦彦（1056—1121），字美成，号清真居士，钱塘（今浙江杭州）人。元丰初，为太学生，以献《汴都赋》为神宗所赏识，命为太学正。后任庐州（今安徽合肥）教授、溧水县令。徽宗时，提举大晟府。有《清真居士集》，已佚，今存《片玉词》。

关于这首词有一则本事：“道君（宋徽宗）幸李师师家，偶周邦彦先在焉，知道君至，遂匿于床下。道君自携新橙一颗，云江南初进来，遂与师师谑语。邦彦悉闻之，隐括成《少年游》云。”（张端义《贵耳集》卷下）其事确有与否一向有人怀疑（如清吴衡照《莲子居词话》卷一），王国维辨其必无。无论创作缘起如何，文学作品毕竟不同于生活情事的照搬。就这首词而论，词中人物便只是一对秋夜相会的情人罢了。词属双调，意分三层，主要从女方着笔。

“并刀如水，吴盐胜雪，纤手破新橙”一层。写情人双双共进时新果品，单刀直入，引读者进入情境。“刀”为削果用具，“盐”为进食调料，本是极寻常的生活日用品。而并州产的刀剪特别锋利（杜甫“焉得并州快剪刀”），吴地产的盐质量特别好（李白“吴盐如花皎白雪”），“并刀”、“吴盐”借用诗语，点出其物之精。而“如水”、“胜雪”的比喻，使人如见刀的闪亮、盐的晶莹。二句造形俱美，对偶天成，表现出铸辞的精警。紧接一句“纤手破新橙”，则前二句便有着落，决不虚设。这一句只有一个纤手破橙的特写画面，没有直接写人或别的情事，但“潜台词”十分丰富：谁是主人，谁是客人，谁招待谁等等，读者已能会心，作者也就不多说了。这对于下片一番慰留情事，已具情节的开端。手是纤纤的玉手，初得之新橙，与如水并刀、胜雪吴盐，组成一幅色泽美妙的图画。“破”字清脆，运用尤佳，与清绝之环境极和谐。三句纯是物象，却能传达一种爱恋与温情，味在品果之外。

“锦幄初温，兽烟不断，相对坐调笙”又一层。先交代闺房环境，用了“锦幄”、“兽烟”（兽形香炉中透出的烟）等华艳字面，夹在上下比较淡永清新的词句中，显得分外温馨动人。“初温”则室不过暖，“不断”则香时可闻，既不过又无不及，恰写出环境之宜人。接着写对坐听她吹笙。笙这种管乐器，最要防寒防潮，“调笙”正见室内温度、湿度之适宜。只写到“调笙”，此情此境，却令人大有“未成曲调先有情”之感。“相对”二字又包含多少不可言传的情意。此笙是女方特为愉悦男方而演奏，不说自明。此中乐亦在音乐之外。

上片两层创造了一个温暖馨香的环境，酝足了依恋无限之情，为下片写分别难舍作好铺垫。上片写到“锦幄初温”是入夜情事，下片却写到“三更”半夜，过片处有一跳跃，中间省略了许多情事。“低声问”一句直贯篇末。谁问？未明点，读者从问者声口不难会意是哪位女子。为何问？也未明说，读者从“向谁行宿”的问话自知是男子的告辞引起。写来空灵含蓄。挽留的意思全用“问”话出之，更有味。只说夜深（“城上已三更”）、路难（“马滑霜浓”）、“直是少人行”，只说“不如休去”，却不直道“休去”，表情措语，分寸掌握极好。“言马言他人，而缠绵偎依之情自见，若稍涉牵裾，鄙矣”（沈谦《填词杂说》）。这几句不仅妙在毕肖声口，使读者如见其人；还同时刻画出外边寒风凛冽、夜深霜浓的情境，与室内的环境形成对照。则挽留者的柔情与欲行者的犹豫，都在不言之中。词结束在“问”上，结束在期待的神情上，意味尤长。恰如毛稚黄所说：“后阕绝不作了语，只以‘低声问’三字贯彻到底，蕴藉袅娜。无限情景，都自纤手破橙人口中说出，更不别作一语。意思幽微，篇章奇妙，真神品也。”

词中所写的男女之情，意态缠绵，恰到好处，可谓“傅粉则太白，施朱则太赤”，不沾半点恶俗气味；又能语工意新，“香奁泛话吐弃殆尽”（陈廷焯《白雨斋词话》卷六），堪称本色佳制。

夜游宫

（宋）◎ 周邦彦

叶下斜阳照水，卷轻浪、沈沈千里。桥上酸风射眸子。立多时，看黄昏，灯火市。　　古屋寒窗底，听几片、井桐飞坠。不恋单衾再三起。有谁知，为萧娘，书一纸。

这首词在《清真集》中归入秋景之什，是编集者所为。题或作“秋晚”、或作“秋暮晚景”，则是选本谬加，把主题缩小了。其佳处并不在写景，而在于通过一些平常之极的秋景细致地传达一种思家怀人的情思。周济《宋四家词选》说词意“本只‘不恋单衾’一句耳”。其实更准确的拟题应是“一封家书（或情书）”。然而，作者却用了大半的篇幅，按日落、上灯、深夜的时间顺序，分三层来写。

前两句写斜阳照水、水流千里的江景。这是秋天傍晚最常见的景象之一。“斜阳照水”四字给人以水天空阔的印象，大类唐人“独立衡门秋水阔，寒鸦飞去日衔山”（窦巩）的诗境。而从“叶下”二字写起，说斜阳从叶下照向江水，便使人如见岸上“官柳萧疏”一类秋天景象。再者，由于看得到“叶下斜阳照水”，则其所在位置是近水处也可知。这一点由下句“桥上”予以补出。这两句虽未写到人，写景物是从人的所在处看出去，则无可疑。且叙写亦极有层次：由树下日照的局部水面，到卷浪前行的一派江水，到奔驰所向的沉沉远方，词人目之所注，心之所思，亦有“千里随波去”之势。景中寓情，有味外味。

紧接“桥上酸风射眸子”（李贺“东关酸风射眸子”）一句，则把上面隐于句下的人映出，他站在小桥上，风寒刺目。“酸”与“射”这两个奇特的炼字，给人以刺激的感觉，用来写难耐的寒风，比“寒”字、“刺”字表现力强得多。这人居然能“立多时”而不去，他在“看”，看什么？难道真的是“看黄昏，灯火市”么？词句虽然这么写来，但那种街市天天有的入夜景象又有什么可看呢？这几句大有“独立小桥风满袖，平林新月人归后”（冯延巳《鹊踏枝》）的意味。它写出了沉浸在思绪中的人，对外部世界的异常态度。

换头三句，“镜头”换了。是深夜，在陋室。“古屋寒窗”，破旧而简陋的居处，是隔不断屋外风声的，连水井旁的桐叶飞坠的声音也听得极清楚（虽则是“几片”）。这是纯景语，但已大有“悠哉悠哉，辗转反侧”（《诗经·关雎》）之意，其中该夹有“梧桐树，三更雨，不道离情正苦”（温庭筠《更漏子》）那样轻微的叹息。到此为止，词的前面部分俱是写景。而看看流水、街灯，听听坠叶声，这是多么平凡琐屑之景，又是多么没要紧的话呵，组织似乎也并不经意，如零乱道来。然而正是这样一连串的写景，恰如其分地摹状出一个愁绪满怀、无可排遣、寻寻觅觅、冷冷清清的客子心境。“故没要紧语正是极要紧语，乱道语正是极不乱道语”（刘熙载《艺概》），为后几句的“点睛”，作好了“画龙”的准备。

寒窗风紧，长夜难捱，即使是单薄的衾被，也该裹紧身子，“恋”它一“恋”。却“不恋单衾再三起”！“再三”，则是起而又卧，卧而又起。“单衾”之“单”，兼有单薄与孤单之意。这个惶惶不可终日、而又惶惶不可终“夜”的人，到底有什么心事呢？结尾三个短句方予点醒：“有谁知，为萧娘，书一纸。”原来一切都是由一封书信引起的。全词到此一点即止，余味甚长。有此结尾，前面的写景俱有着落，它们被一条活动的意脉贯通起来，成为一个有机的整体，否则便真成“没要紧语”；而此结又有赖于前面“层叠加倍写法”、“方觉精力弥满”（周济《宋四家词选》评），堪称“点睛”之笔。三句本唐人杨巨源“风流才子多春思，肠断萧娘一纸书”，不过变“春思”作秋思罢了（萧娘，唐人惯用以指所爱恋之女子）。这里化用，却不明说相思“肠断”意，益觉淡语有味。

“词境”与“诗境”不同，它须“更为具体，更为细致，更为集中地刻画抒写出某种心情意绪”，“常一首或一阕才一意，含意微妙，形象细腻”（李泽厚《美的历程》）。这首词就成功地创造了一种完美的词境。词中两用唐人诗句，略易字面或句法，隐括入律，即妥帖入妙，如自己出，也起到丰富词意的作用。

风流子

（宋）◎ 周邦彦

枫林凋晚叶，关河迥，楚客惨将归。望一川暝霭，雁声哀怨；半规凉月，人影参差。酒醒后，泪花销凤蜡，风幕卷金泥。砧杵韵高，唤回残梦；绮罗香减，牵起余悲。　　亭皋分襟地，难拚处，偏是掩面牵衣。何况怨怀长结，重见无期。想寄恨书中，银钩空满；断肠声里，玉箸还垂。多少暗愁密意，唯有天知。

这首词抒写离愁别恨，与柳永《雨霖铃》（寒蝉凄切）情事相类而结构上大异其趣，可以参读。柳词从长亭话别写到对别后况味的推想，布局平稳；此词却从别后的不堪写到对别时情景的追忆，布局上有逆折之致。

开篇即从首途前夕饯宴之后写起。词中未明写“都门帐饮”之事，但从下文“酒醒”字见出。在一个枫叶飘零的秋晚，“我”就要离开这客居之地而归去，面对山川迢遥，不免情怀凄然。前三句的情景、意念及“楚客”、“将归”等字面，都有意无意从楚辞《九辩》一段虚拟送别的文字化出：“悲哉秋之为气也！萧瑟兮草木摇落而变衰；憭栗兮若在远行，登山临水兮送将归。”如此能增强联想，烘托气氛。看来这位“楚客”当夜将在客舍下榻，以候明发。紧接着就写其在苍茫暮色中之闻见：“望一川暝霭，雁声哀怨；半规凉月，人影参差。”这里，依稀可辨的一行人影，并非别的什么人，而是尚未去远的前来送别的人们，联下片可知其中有一个“她”在，于是“人影参差”四字写景中就寓有无限依依不舍之情。这哀怨的、未安栖或失群的雁鸣声，与残缺成半规的凉月，又各各成为羁情和离思的象征。这四句写景逼真而抒情含蓄。

“酒醒后”到上片煞拍，与前数句时间上有一个跳跃，而情景暗换，写独处一室清夜梦回所闻见，大致相当于柳词“今宵酒醒何处”一节内容。词中“我”醒来，

眼前残烛摇曳，帘幕随风舒卷；清晰的捣衣声驱散残梦，梦想中的“她”忽从“我”身边消逝，不禁悲从中来，不可断绝。“凤蜡”字面出于《南史》，史载王僧绰少时与兄弟聚会，采蜡烛泪为凤凰；“泪花”指蜡泪，诗词多以象征离愁（杜牧《赠别》：“蜡烛有心还惜别，替人垂泪到天明”）；“金泥”指帘幕上的烫金；“绮罗香”指女子衣裙上的香气。一系列金玉锦绣的字面，不仅为了典雅华赡好看，而且通过环境的富艳反衬人物心境，形出更强烈的孤寂感。“酒醒后”三句先写出刚醒来一刹那的怔忡神态，“砧杵韵高”四句继写清醒后的感觉与心情，用笔细微入妙。“绮罗香减”继“残梦”二字吐出，便不只实写与女方的决别，而兼暗示中宵梦想，笔致空灵。“牵起余悲”四字回应篇首“惨将归”，又唤起下片追忆，贯彻篇终，是最关键最得力的。

过片即承此倒叙昨晚饯别分襟时彼此种种不堪，就诗情言是追忆，手法则属逆挽。这一大段文字如剥笋抽丝，层层深入。“亭皋（水边平地）分襟地，难拚处”为一层，言临别已觉难以割舍；“偏是掩面牵衣”进一层，写对方呜咽掩泣更使人难堪；“何况怨怀长结，重见无期”，再进一层，说明这是诀别，后会难期；“想寄恨书中”四句，以一“想”字领起，写别后相思愁恨之深，分从双方着笔。“寄恨书中，银钩空满”，说自己：纵然是“恨墨”写至“盈笺”，也写之不尽。“断肠声里，玉箸还垂”，说对方：别时她为我“断肠声里唱《阳关》”，流泪想至今未止。而想象对方情状，也是反映自己对彼相思之深。“空”、“还”二字勾勒着意。此又进一层。可谓层层加深写尽“暗愁密意”。这种暗密的相思之情，本是天知地知彼知己知的，而此结云“多少暗愁密意，唯有天知”，一发痴迷沉痛，所谓愈朴愈厚。

词上下片作逆挽不作顺叙，正面写离别的一段用虚笔（追忆），不用实笔，较之柳词“方留恋处，兰舟催发。执手相看泪眼，竟无语凝咽”一段，转觉密致。盖柳词直写离别之状，以“相看无语”疏淡写来自佳；而此词写回想，属痛定思痛，回味转浓，自宜逐层剖析。所以此词的用笔密致与逆挽的手法分不开，同是符合于生活情理的。此词语言上典丽与朴拙并用，而能浑融。一般来说，上片较藻绘凝重；下片较自然流利，然“银钩”“玉箸”之语对仗工稳，字面华丽，其平衡联系上下片之功用不可忽略。

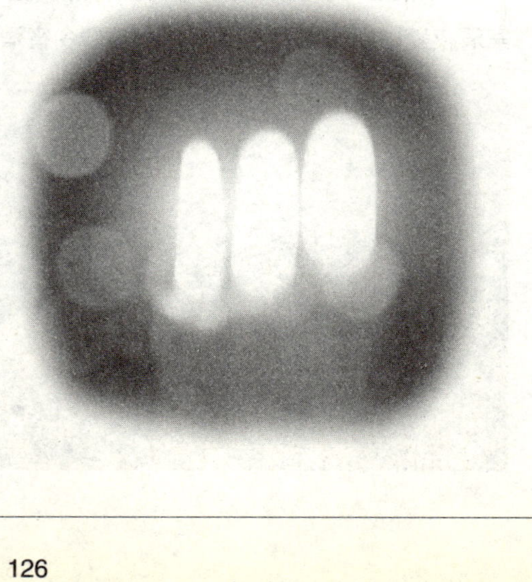

玉楼春

（宋）◎ 周邦彦

桃溪不作从容住，秋藕绝来无续处。当时相候赤阑桥，今日独寻黄叶路。　　烟中列岫青无数，雁背夕阳红欲暮。人如风后入江云，情似雨余粘地絮。

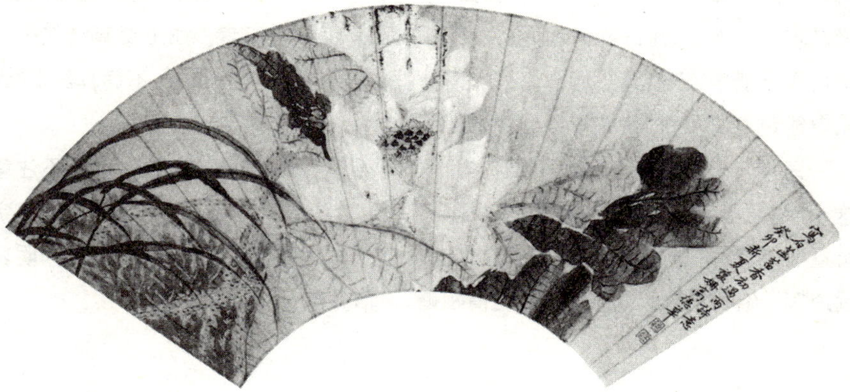

周邦彦的词有多篇写一个失恋的男子对情人的怀念。他旧地重游，景物虽旧，人事已非，情感痴顽，极尽缠绵。《瑞龙吟》、《应天长》、《解连环》诸篇皆是。其中的《解连环》以连环之无解，比喻相思的不可断绝，藕断丝连。而《玉楼春》则说“秋藕绝来无续处”，连藕丝也断了，让人感到深深的绝望，最后只剩下无法收拾的情思，像被雨打落在地、粘上泥水的飞絮。似乎可以说《玉楼春》是对这一段隐情的总结。

首句“桃溪不作从容住”，用刘、阮遇仙的典故。据刘义庆《幽明录》载，东汉刘晨、阮肇入天台山采药，迷路后在桃溪边遇二仙女。彼此同居半年后，刘、阮怀乡思归，二女相送出山，及家，子孙已历七世。二人再入山寻找，已无二仙女踪影。在古典诗词中，常用天台故事比拟由于轻易与情人分离而产生的追悔之情。如元稹《刘阮妻》：“芙蓉脂肉绿云鬟，罨画楼台青黛山。千树桃花万年药，不知何事忆人间？”这里词人也以刘郎自比，悔不当初。拥有时不知珍惜，失去了才觉可贵。古往今来，不知有多少这样的伤心事。这是不是人性的一大弱点？晏殊《踏莎行》：“当时轻别意中人，山长水远知何处？”姜夔《浣溪沙》：“梦寻千驿意难通，当时何似莫匆匆。”皆叹此。周邦彦的《玉楼春》以追悔之情为发端，以极艺术的语言和形式把这种感情表现得无以复加，从而引起读者深深的共鸣。王国维《清真先生遗事》分析说，周邦彦写的往往是“常人皆能感之，而惟诗人能写之”的“常人之境界”，故而脍炙人口。

双调《玉楼春》相当于两首不粘的仄韵七绝，句式整齐，容易板滞，故而一般填此词者，多用散句或散对句相间。周邦彦此处全用对句，或谓“大排偶法”，而不觉板滞，为什么呢？其一，整齐中暗藏变化，读来不觉呆滞。上片两联用流水对，皆作今昔对比，隔句相承，反映两种不同的心境，词意连贯而下，顺畅自然。下片两联为正对，但一联写景，一联抒情，写景体察入微，色彩凄艳，抒情绾合全篇，托喻巧妙。其二，缜密典丽之中，沉郁顿挫，气韵流动。形式虽整饬，但情感沉郁回旋，使其流丽。陈廷焯《白雨斋词话》说：“美成词，有似拙实工者。如玉楼春结句……上言人不能留，下言情不能已。呆作两譬，别饶姿态，却不病其板，不病其纤。”大家自能戴着脚镣跳舞，在规则之中演绝活。

词与音乐关系密切，填词须选韵。读“妙解音律”的周邦彦的词，不可不注意这一点。《玉楼春》的韵脚字“住”、“处”、“路”、“数”、“暮”、“絮”皆为去声，去声字音重而下降，好像将憋着的一口气吐出来，宜于表达抑郁之情，所谓“去声分明哀远道”。该词的去声韵脚与沉郁之情相谐，声情并茂。

一剪梅

（宋）◎ 李清照

红藕香残玉簟秋。轻解罗裳，独上兰舟。云中谁寄锦书来？雁字回时，月满西楼。　　花自飘零水自流。一种相思，两处闲愁。此情无计可消除，才下眉头，却上心头。

李清照的丈夫赵明诚爱好金石，婚后经常外出寻访和考订碑刻，居青州十年间就多次外出寻访，留下李清照独守空房。青州十年结束，赵明诚出任莱州知府。李清照未能同行，一年后才赴莱州与明诚团聚。因为曾有伉俪情深的生活，加之李清照又没有孩子，她的感情更多地寄托在丈夫身上，经常分离，使善感的李清照“别有幽愁暗恨生”（白居易《琵琶行》），“想离情别恨难穷”（李清照《行香子》）。为了排遣孤独寂寞的思念之情，她写下了许多闺怨词，如《一剪梅》、《醉花阴》、《凤凰台上忆吹箫》、《念奴娇》等，皆语浅情深，真挚自然，与大量男子代女性摹写的闺怨词相比，更显细腻真切，婉曲动人。

元人伊世珍《瑯嬛记》载：“易安结缡未久，明诚即负笈远游。易安殊不忍别，觅锦帕书《一剪梅》词以送之。”徐培均据易安《金石录后序》作考证，认为“《瑯嬛记》云‘负笈远游’当指明诚外出寻访碑刻，易安时年二十岁”。由此可知，这是李清照早年写离情别绪的词。上片写红荷凋零，秋凉簟冷，暗含离愁，袭南唐中主“菡萏香销翠叶残，西风愁起绿波间”词

李清照（1084—1151？），自号易安居士，齐州章丘（今属山东）人。李格非女，赵明诚妻。金兵入据中原，流寓南方，明诚病卒，境遇坎坷。有后人辑本《漱玉词》。

意。如何排遣离愁呢？李清照的一生离愁别恨多，排遣的方式想尽了，也不过是饮酒赋诗、双溪泛舟之类。“轻解”，据俞平伯《唐宋词选释》谓“有轻挽、轻提义”，此说甚是。李清照《南歌子》也有“起解罗衣”句。“独上兰舟”之“独”字，是关键字。见到大雁南飞，但没有人寄来书信，反诘语气更显无奈，何况“月满西楼”，该团圆的时候人不团圆呢？下片直抒胸臆，“一种相思，两处闲愁”，因思念对方，进而想象对方也在思念自己，幽思曲折。姜夔“两处沉吟各自知”，黄景仁“一种秋怀两地知”大约皆源出于此。

李清照的幽愁暗恨多，也善于言愁。在她笔下，抽象的愁绪往往化为具体可感的形象。“柔肠一寸愁千缕”（《点绛唇》），愁彷佛可以抽出来，而且源源不断，如同李煜的“恰似一江春水向东流”。“只恐双溪蚱蜢舟，载不动，许多愁”（《武陵春》），愁又有了重量，舟车都难以承载，极说生命中难以承受之愁，设喻巧妙。该词“此情无计可消除，才下眉头，却上心头”仍然是言愁，意谓相思之情无法排遣，皱着的眉头刚刚舒展，思绪又涌上心头。语出范仲淹《御阶行》词：“都来此事，眉间心上，无计相回避。”李词“才下”、“却上”云云，跌宕生姿，青出于蓝。李清照善于翻新，李佳《左庵词话》举其愁咏芭蕉句为例云：

易安词：“窗外芭蕉窗里人，分明叶上心头滴。”句久脍炙人口。或又云：“我自有愁眠未得，不关窗外种芭蕉。”已是翻却旧案。或又云：“愁多禁得雨潇潇，况又窗前窗后，密密种芭蕉。”是则翻而又翻矣。或更云：“斫尽芭蕉吹尽雨。看他还有愁如许。”执此类推，人果善用心思，自有翻空不穷之意。

醉花阴

（宋）◎ 李清照

薄雾浓云愁永昼，瑞脑消金兽。佳节又重阳，玉枕纱厨，半夜凉初透。　　东篱把酒黄昏后，有暗香盈袖。莫道不销魂，帘卷西风，人比黄花瘦。

这是李清照著名的咏重阳的词，主题仍然是写离愁别恨。“每逢佳节倍思亲”，丈夫不在身边，饮酒赏菊也难遣离愁，所谓“遣情情更多”是也。该词的最后三句历来为评家称道。“莫道不销魂”，略作提顿，“帘卷西风”，呼之欲出，最后是特写镜头：“人比黄花瘦。”比喻精妙，令人玩味不已。当然，精彩的三句又与前面的铺垫密不可分。打个三级跳的比方来说，整首词的前面部分相当于助跑，最后三句即是凌空飞越的跳跃，一步更比一步远！

关于这三句流传着一段佳话，伊世珍《瑯嬛记》载：“易安作此词，明诚叹绝，苦思求胜之，乃忘寝食三日夜，得十五阙，杂易安作以示陆德夫。德夫玩之再三，曰：只有‘莫道不销魂’三句绝佳。”赵明诚潜心研究金石，写词不及李清照不算奇怪，大家称道的也是李清照的才情高超，而往往忽略了她的愁苦与伤感，更没有去追问作为丈夫的赵明诚看到妻子这般伤怀时的心态。难道他仅仅觉得易安的词好，而一心想超过她吗？妻子这么痛苦，他没有怜香惜玉之心，无动于衷吗？因为缺少历史资料，我们无法猜测。赵常常外出，丢下李清照一人独守空房，其原因只有两种可能：其一，尽管赵舍不得离开李，但迫不得已。比如为了外出求官，致力于仕途经济，或者为了自己酷爱的金石之学而外出考察寻访。其二，就像一些论者所说的，“赵君无嗣”或“赵明诚可能蓄养了好几个侍妾”等等，因而冷落李清照，轻易离别。不管什么原因，我相信李清照都是痛苦的，尤其是后者。在国破家亡、丈夫去世之前，李清照的愁情益见其重，《凤凰台上忆吹箫》云：“生怕离怀别苦，多少事、欲说还休。新来瘦，非干病酒，不是悲秋。休休！这回去也，千万遍阳关，也则难留。”夫妻间一走一留，两相仳离，其情何以堪！我们无意于追究古人夫妻间的矛盾，只觉得“休休”这万般无奈的绝望之词，“怎一个愁字了得”！少不得也要为李清照掬一把同情之泪。

清平乐

（宋）◎ 朱淑真

恼烟撩露，留我须臾住。携手藕花湖上路，一霎黄梅细雨。

娇痴不怕人猜，和衣睡倒人怀。最是分携时候，归来懒傍妆台。

朱淑真（？—？），女，号幽栖居士，杭州钱塘（今浙江杭州）人，一说海宁（今属浙江）人。北宋绍圣间在世，一说南宋绍定间在世。出身仕宦之家，尝随父宦游吴、越、荆、楚间。有《断肠集》、《断肠词》。

此词或题“夏日游湖”（西湖），乃是作者描写或追忆一次爱情生活体验的小词。

上片写一对男女游湖遇雨，为之小驻。语序倒装是词中常见现象，明白这一点对理解这里的词意有帮助。女主人公与男友相约游湖，先是“携手藕花湖上路”，这大约是西湖之白堤吧，那里的藕花当已开了，“接天莲叶无穷碧，映日荷花别样红”呢。也许这对情侣最初就是相约赏花而来。不料遇上“一霎黄梅细雨”。正是这场梅雨及撩拨着人的“烟”呀“露”呀，留他们停步了。总得找个避雨的处所吧。“留我须臾住”的“我”，乃是复数，相当于“我们”。游湖赏花而遇雨，却给他们造成了一个幽清的环境和难得亲近的机会。所以是事若有憾，实深喜之。

下片写女主人公大胆的举动及归来后异常的心理。“一霎黄梅细雨”使西湖谢绝游众，在他们小住的地方，应当没有第三者在场。否则，当人面就搂搂抱抱，未免轻狂。须知这里“娇痴不怕人猜”之“人”，与“和衣睡倒人怀”之“人”实际上只是一个，都是就男友而言。当时情景应是这样的：由于女主人公难得与男友单独亲近，一旦相会于幽静场所，遂难自持，“娇痴”就指此而言。其结果就是“感郎不羞郎，回身就郎抱”（《碧玉歌》）。“睡倒人怀”说穿了就是热烈拥抱，李后主所谓“一向偎人颤”、“教君恣意怜”也。这样的热情，这样的主动，休说外人，即使自己的男友也不免一时失措或诧异。但女主人公不管许多，“不怕人猜”，打破了“授受不亲”一类的清规戒律，遂有了相恋以来一次甜蜜的体验。

正因为是第一次，感觉也就特别强烈而持久。“最是分携时候”，多么依依不舍；“归来懒傍妆台”，何等心荡神迷！两笔就把一个初欢中的女子情态写活了。

多情而不亵，贵在写出少女真实的人生体验。本来南朝乐府中已有类似描写，但那是民歌。如今出现在宋时女词人之手，该是何等的有勇气。道学家们看不惯拥抱镜头，虽不免诋之为“淫娃佚女”、“有失妇德”。然而词论家仍不吝予以高度的赞扬：“易安‘眼波才动被人猜’，矜持得妙；淑真‘娇痴不怕人猜’，放诞得妙。均善于言情。”（《莲子居词话》卷二）

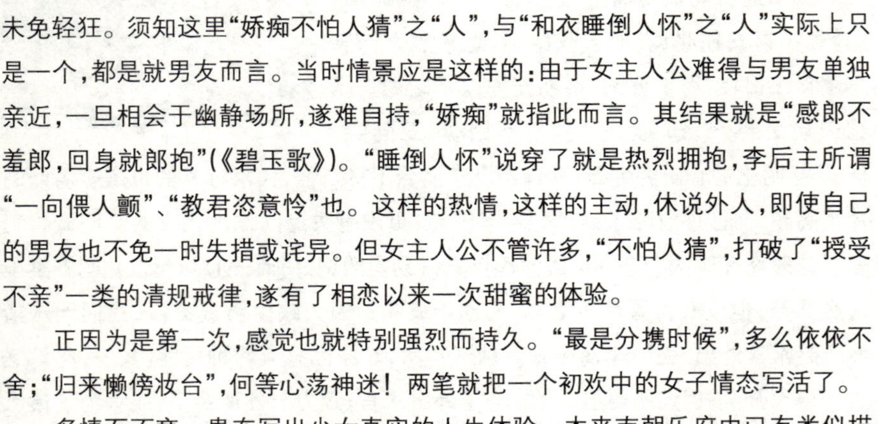

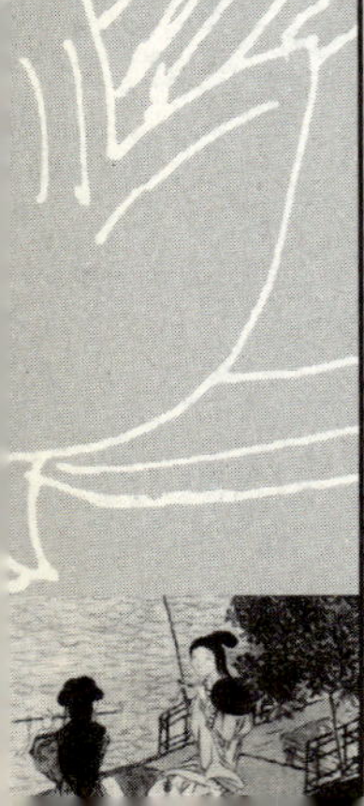

沈园二首

（宋）◎ 陆 游

城上斜阳画角哀，沈园非复旧池台。伤心桥下春波绿，曾是惊鸿照影来。

梦断香销四十年，沈园柳老不吹绵。此身行作稽山土，犹吊遗踪一泫然。

作于宁宗庆元五年(1199)，时七十五岁。为追悼发妻唐琬而作，代表了陆游诗的另一方面。陆游个人生活的最大不幸，莫过于与唐琬的婚姻悲剧。据《耆旧续闻》、《齐东野语》等书记载和近人考证，陆游二十岁时与唐婉结合，伉俪相得，然陆母并不喜欢唐婉，迫使二人离异。后唐氏改嫁赵士程，陆游亦另娶王氏。陆游三十一岁那年春天，偶与唐婉夫妻相遇于绍兴沈氏园林，得到他们酒食款待。这次见面的结果，是留下了闻名千古的《钗头凤》。据说这次见面不久，唐氏就下世了。四十五年以后，诗人重来沈园，回忆起伤心的故事，又不禁落泪，写下《沈园》二首。

《钗头凤》是游园重逢之作，《沈园》则是回忆沈园重逢之作；《钗头凤》感伤"人成各"，《沈园》则纯属生死恋；《钗头凤》是盛年之作，而《沈园》是老年之作。在诗中我们看到，四十年梦断香销，沈园的一切都已变了、变得认不出了——"沈园非复旧池台"，连曾装点出满园春色的宫墙柳也变了——"沈园柳老不吹绵"，作者本人也从翩翩少年一变而为鸡皮老翁，然而不变的只是那个感天动地的"情"字。只要人还在，情就不会死——这就是"此身行作稽山土，犹吊遗踪一泫然"的含义。桥下春水之所以绿得可爱，只因"曾是惊鸿(出《洛神赋》)照影来"！桥下春水之所以绿得伤心，只因为"曾是惊鸿照影来"！虽则人去桥空，这个"影"却刻在放翁心头，是一辈子磨灭不掉了。一往情深、至死不渝，陆游爱国如此，用情亦如此，"唯大英雄能本色，是真名士自风流"，此言不虚也。

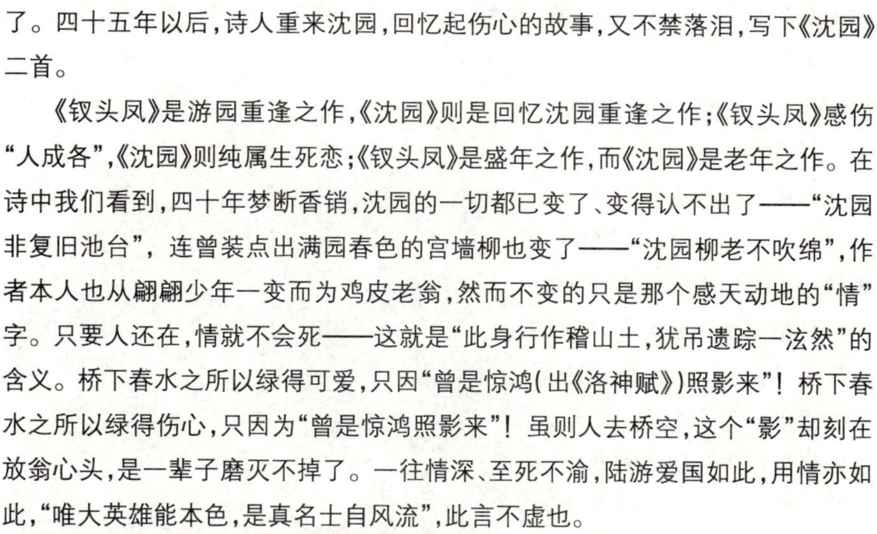

陆游（1125—1210），字务观，号放翁，越州山阴（今浙江绍兴）人。"中兴四大诗人"之一。绍兴中应礼部试，为秦桧所黜。孝宗即位，赐进士出身。曾任镇江、隆兴通判。乾道六年（1170）入蜀，任夔州通判。乾道八年，入四川宣抚使王炎幕府。官至宝章阁待制。晚居山阴镜湖。有《剑南诗稿》、《渭南文集》、《南唐书》、《老学庵笔记》等。

钗头凤

（宋）◎陆　游

红酥手，黄滕酒。满城春色宫墙柳。东风恶，欢情薄。一怀愁绪，几年离索。错，错，错。　春如旧，人空瘦。泪痕红，鲛绡透。桃花落，闲池阁。山盟虽在，锦书难托。莫，莫，莫。

这首词的本事是作者本人的生死恋，最早见于宋人陈鹄《耆旧续闻》卷十：“放翁先室内琴瑟甚和，然不当母夫人意，因出之。夫妇之情，实不忍离。后适南班名士某，家有园馆之胜。务观一日至园中，去妇闻之，遣遗黄封酒果馔，通殷勤。公感其情，为赋此词。其妇见而和之，有‘世情薄，人情恶’之句，惜不得其全阕。未及，怏怏而卒。闻者为之怆然。”其后，刘克庄《后村诗话》亦载，增言妇与陆氏有中外。至周密《齐东野语》更绘影绘声，添枝加叶，俨然小说：“陆务观初娶唐氏，闳之女也，于其母夫人为姑侄。伉俪相得而弗获于其姑，既出而未忍绝之，则为别馆，时时往焉。姑知而掩之，虽先知挈去，事不得隐，竟绝之，亦人伦之变也。唐后改适同姓宗子士程。尝以春日出游，相遇于禹迹寺南沈氏园。唐以语赵，遣致酒肴，翁怅然久之，为赋《钗头凤》一词，题园壁间，实绍兴己亥岁也。”话越传越长，千古如斯。然陆游早年的婚恋不幸，已可得其仿佛。

词从游园重逢，勾起对往昔欢爱的追忆开端，“红酥手，黄滕酒，满城春色宫墙柳”，这并非写眼前事，因为女方虽遣人致酒肴，实未当面，所以这应是由眼前的黄酒果馔、满园春色回忆到过去与伊共赏春光的情景：红润的手臂，藤黄的美酒，给人以举案齐眉的美好联想。“满城春色宫墙柳”正是有情人眼中的明媚春景。可惜好景不长，“东风恶，欢情薄”，接下“桃花落，闲池阁”，是指暮春的到来，自然时序的无情的变迁，构成对人事的变生不测的象征，语极蕴藉却并不晦涩。几年离异给双方带来的是无尽的悲怨，“一怀愁绪，几年离索”在语序上是倒置以协律。煞拍一串儿三字“错，错，错”，奔迸而出，意极沉痛。然而到底错在哪里呢？是错在五百年前风流冤孽，还是错在个人的软弱而封建道德力量的强大，抑或是错在家长的专制呢？说不清，也不要说清，反正一口咬定错就是了，这就够读者去慢慢咀嚼回味。

重逢是令人难堪的，春光还和过去一样美好，而伊人却红消香减不堪憔悴。“人空瘦”的“空”字意味甚长：盖两人虽不忘旧情，从婚烟关系而言已各有新欢，可谓各不相干，相思只是徒劳无益的事体。然而感情失控，难以自禁，“泪痕红，鲛绡透”，鲛绡就是手绢。古代传说有美人鱼失水为人所救，寄寓其家积日买绡，不得已将归去，从主人索器，泣作满盘明珠以为报答(事见《述异记》)，这故事本身就含有离异而不忘旧恩的象征，与词中人相似，故不可仅作借代语读去，如此方觉其句楚楚动人，“红”字惨然映带下文“桃花落”，“透”字韵极险峭。以下突入景语，又成象征，“桃花落，闲池阁”便是“东风恶”的后果。一切都无可挽回了，然而“世间只有情难尽”，明明还在相爱，却又不能相爱；明明已不能痛快地相爱，却又不能痛快地诀别。最后只得以“莫，莫，莫”三字，不了了之，这是说“还将旧来意，怜取眼前人”呢，还是想快刀斩乱麻，以免“剪不断，理还乱”呢，也很难说清，只好分付读者诸君去判断了。

《钗头凤》曲调的最显著特征是上下片煞拍三字相叠为韵，较难安顿。而此词之妙就在于“错，错，错”、“莫，莫，莫”用意的含混，让人颠扑不破似的。而“错莫”本是一个连绵词，其意为落寞，或书作“莫错”，如李白“长吁莫错还闭关”、杜甫“失主错莫无晶光”，此词上下片煞拍正是拆用此二字，故在“错”、“莫”各自的本义外，还多一层凄凉寂寞的意义。

陈鹄《耆旧续闻》提到去妇和词，惜不得其全。而《古今词统》则见全词，署唐婉。又见录《全宋词》。有可能是后人据断句补足，但也不排除为原词的可能性，因为就词而论实在天衣无缝，情真韵高处不减陆游之作：“世情薄，人情恶。雨送黄昏花易落。晓风干，泪痕残。欲笺心事，独语斜栏。难，难，难。　人成各，今非昨。病魂尝似秋千索。角声寒，夜阑珊。怕人寻问，咽泪装欢。瞒，瞒，瞒。”

祝英台近·晚春

（宋）◎ 辛弃疾

辛弃疾（1140—1207），字幼安，号稼轩，济南历城（今山东济南）人。绍兴三十一年（1161），聚义抗金，归耿京，为掌书记。奉京命奏事建康，京为张安国杀害，擒诛安国。次年率部渡淮南归。历任湖北、江西、湖南、福建、浙江安抚使等职。有《稼轩长短句》。

宝钗分，桃叶渡，烟柳暗南浦。怕上层楼，十日九风雨。断肠片片飞红，都无人管；更谁劝、啼莺声住？　　鬓边觑，试把花卜归期，才簪又重数。罗帐灯昏，哽咽梦中语。是他春带愁来，春归何处，却不解带将愁去。

辛词以豪迈奔放见长，而他于婉约词也是当行里手。《祝英台近》写的是一位女子在晚春与爱人分手后，无法摆脱惆怅烦恼。有一首流行歌曲唱道：“我每天都在祈祷，快赶走爱的寂寞。”与此词怨情相近。词除首三句略约交代分别情景，通篇皆作女子痴怨语状，难为作者把女性心理和口吻把握得如此深刻，描写极有分寸，绝不逊于写出《春怨》的金昌绪。

爱人在分手时分擘信物以示坚贞，是古代的习俗，梁代陆罩《闺怨》云：“自怜断带日，偏恨分钗时。”唐代白居易《长恨歌》云：“钗留一股盒一扇，钗擘黄金盒分钿。”北宋秦观《满庭芳》：“香囊暗解，罗带轻分。”写的都是这个，《玉照新志》记云：“春日，诸友同游西湖至普安寺，于窗户间得玉钗半股，青蚨半文，想是游人欢洽所分授，偶遗之者。”前三句写的便是女主人公在暮春与恋人离别情景，“桃叶渡”和“南浦”都是别离地方的代名词。桃叶渡在南京秦淮河与青溪合流处，以陈时盛传的王献之为其爱妾桃叶所作的一首恋歌而得名（歌事见《隋书·五行志》），南浦则出江淹《别赋》，均不可指实。“烟柳暗南浦”不但是写春深渡口景物，而且令人联想及“送居南浦，伤如之何”（《别赋》）而感觉体味到女主人公情绪的黯然。

以下就细微刻画别后心理。“怕上层楼，十日九风雨”二句以托辞得妙，反映了伤心人十分敏感的心理。她说怕上层楼是因为风雨的缘故，其实如果心情很好，何尝不可以“满川风雨独凭栏”（黄庭坚）呢！表面怕风雨，深层的原因却在

于不胜寂寞，才怕遇到坏天气的。在风雨中落红成阵，然花开花落，有谁管得，说“断肠片片飞红，都无人管”不是无理之极么，都成情至之痴语。春归与黄莺何干，“更谁劝、啼莺声住”，却怨黄莺，又是无理痴情的妙语。

女主人公在百无聊赖之际，乞灵于简易的占卜法，引入一点情节：“鬓边觑，试把花卜归期，才簪又重数。”大凡有苦恼无法解脱的人，都有这点儿迷信，就是不迷信，也抱住不妨试一试的心理去接受指点，这就是许多简单骗术如手相、面相、算命、卜筮得以流行的根本原因。词中描写的动人处，在于女主人公的占卜，完全是认真地自欺。当她顾影自怜时从镜中看到花，便从鬓边取下来点数花瓣，预卜爱人归期，那办法或是约定俗成的，或是她自个儿临时规定的，本来不可凭据，可笑的是，她才戴上那花，却又立刻怀疑计数有错，要重数一遍。异常之举，原是基于一种普遍的心态，那就是神经过敏，与“尤恐匆匆说不尽，行人临发又开封”（张籍）同妙，情事因生活的美而成为永久。女主人公的自我安慰是无力的，词即以她的梦呓作结，她带着哭声埋怨春天故意捉弄她，把春愁带来而不带去，就像系铃者不肯解铃，使她不得快活，而事实上春天对于人事是不负任何责任的。这仍是继续上片无理而妙的痴话。

这首晚春词的独特之处不在于写景叙事，也不在于一般意义的抒情，而在于对女主人公深层心理的发掘和内心独白的精彩运用，这在宋词中也是并不多见的。《填词杂说》云“稼轩词以激扬奋励为工，至‘宝钗分，桃叶渡’一曲，昵狎温柔，魂销意尽”，如果说词人在抒写闺情的同时，进入角色，也寄托了一点身世之感，原无不可。然而必言其为政治寄托，甚至像张惠言那样说：“‘点点飞红’伤君子之弃，‘流莺’恶小人得志，‘春带愁来’其刺赵张乎。”（《词选》）则牵强太过。此词的价值乃在于写人缘情，不在于载道言志！

青玉案·元夕

（宋）◎ 辛弃疾

东风夜放花千树，更吹落，星如雨。宝马雕车香满路。凤箫声动，玉壶光转，一夜鱼龙舞。　蛾儿雪柳黄金缕，笑语盈盈暗香去。众里寻他千百度，蓦然回首，那人却在，灯火阑珊处。

正月十五闹元宵，这天晚上，大街小巷灯火辉煌，车如流水马如龙，该词的上片极力渲染了元夜的热闹场面。他的目光为什么老是在如云的美女之间来回逡巡呢？到最后才点出目的，要找他的意中人。下笔似不经意，但“众里寻他千百度”，人却用尽了心思，可谓举重若轻。原来他的意中人孤高幽独，自甘寂寞，不喜欢喧闹繁华，她是一个很有个性的姑娘。他快要绝望了，却在灯火阑珊处发现了她，多么的意外，多么的令人惊喜啊！真是踏破铁鞋无觅处，得来全不费功夫！看来，他看热闹是假，找意中人是真，妙处全在结句，绝处生姿，令人起别开生面、更上层楼之感。陈廷焯称贺铸“工于结句，往往有通首渲染，至结处一笔叫醒，遂使全篇实处皆虚，最属胜境”（《白雨斋词话》卷八）。拿此语来评辛弃疾的这首词也完全适合。

无疑，这是一首关于寻找的词，虽属情词，却包含着深刻的人生道理。一个人刻意追求的东西，不一定马上就能得到，甚至得不到；当你不在意的时候，甚至忘了的时候，它却不请自来。比如，你爱慕一位女孩，相信精诚所至玉石为开，穷追不舍，她害怕了，拼命逃跑，你追得越紧，她跑得越快。这时，你停下来，或者干脆往回走，她感到奇怪，就不跑了，回过头来看你，甚至反过来追你也未可知。又如，你考虑一个问题，百思不得其解，将它放到一边，某一日，你豁然开朗，原来这问题非常简单，甚至根本不成为问题。再如，你写诗，捻断数径须也想不好一个句子，一个恰当的字眼，你只好不想，搁一搁，或许某一天，你受到某种刺激，某种诱发，灵光一闪，好句好字眼不请自来。当然，前提是你得追，得考虑，得想，甭指望天上掉下馅饼来，“无心插柳柳成荫”，你得先插柳。诗人要是不“寻他千百度”，怎么会发现意中人在“灯火阑珊处”呢？

王国维《人间词话》云：“古今之成大事业、大学问者，必经过三种之境界：‘昨夜西风凋碧树，独上高楼，望尽天涯路。’此第一境也。‘衣带渐宽终不悔，为伊消得人憔悴。’此第二境也。‘众里寻他千百度，蓦然回首，那人却在，灯火阑珊处。’此第三境也。”意谓：要成大事业、大学问，首先要树立远大目标，不赶时髦；其次要经过艰苦努力，孜孜以求；最后是经过无数次失败，才有可能达到理想的胜境。

姜夔（1155?—1209）字尧章，号白石道人，饶州鄱阳（今江西波阳）人。少随父宦游汉阳。父死，流寓湘鄂间，诗人萧德藻以兄女妻之，移居湖州，往来于赣、皖、苏、浙间。终生不第，卒于杭。有《白石道人诗集》、《白石诗说》、《白石道人歌曲》等。

踏莎行并序

（宋）◎ 姜夔

自沔东来，丁未元日至金陵，江上感梦而作。

燕燕轻盈，莺莺娇软。分明又向华胥见。夜长争得薄情知？春初早被相思染。　别后书辞，别时针线。离魂暗逐郎行远。淮南皓月冷千山，冥冥归去无人管。

姜夔是南宋词坛上成就较高，较有影响的作家。南宋末的张炎《词源》于词家豪放、婉约两派之外，又提出“清空”之说，推姜夔为宗。姜夔的词空灵飘缈，清迥出尘，情词更是隐约其辞，让人难得一个实在的印象。所以王国维说姜夔的词作“格调虽高，然无一语道着”，“如雾里看花，终隔一层”，虽不甚公允，但不为无因。对于其情词，搞清楚作者的写作背景和本事也许有助于我们理解，并领略其中的妙处。

姜夔曾几度客游合肥，与勾栏女子即歌妓相爱。当时的欢聚，成为他一生屡屡回忆的往事。据夏承焘《姜白石词编年笺校·合肥词事》称：“合肥所遇，以词语揣之，似是勾栏中姊妹二人，丁未金陵江上感梦作《踏莎行》有‘燕燕轻盈，莺莺娇软’句，歌曲卷四《解连环》，有‘大乔小乔’之语，同卷《琵琶仙·湖州感遇》亦云：‘有人似旧曲桃根桃叶。’《解连环》、《琵琶仙》皆忆合肥之作也。”所遇合肥女子让他梦绕魂牵，每每梦见。

该词作于1187年。1186年冬，姜夔随其岳父萧德藻离开湖北往湖州，沿长江东下，因离合肥不远，故而想起昔日情人，过金陵感于梦，遂作《踏莎行》。夏承焘先生说："其词涉淮南者，盖翘望合肥之作。"上片写自己的相思，梦中内容。"华胥"为古国名，皇帝曾梦游，此即指梦中。梦中见到了合肥女子，体态轻盈，声音娇软，一如过去。"燕燕轻盈，莺莺娇软"或可作互文看，本于苏轼《张子野年八十五尚闻买妾述古令作诗》："诗人老去莺莺在，公子归来燕燕忙。"歇拍写梦中之情，似乎站在合肥女子的角度而言，因为"薄情"一般是写女子之怨男。下片写醒后回忆。身边只有对方临别时赠送的衣物，和离别后的书信，梦中踪迹已经杳然，唯睹物思人而已。因自己做梦，对方也进入梦中，魂梦相会，一朝醒来，翻怜对方离魂远行，又孤独地归去，冷月千山，踽踽独行，让人怜惜。沈祖棻《宋词赏析》谓："上片是怨，下片是转怨为怜，有不知如何是好之意，温厚之至。"王国维对姜夔词评价虽不太高，独喜"淮南皓月冷千山，冥冥归去无人管"二语。按此二语凄清幽渺，格调高绝，无人能道。

总之，这首词写的是梦，又是一段旧情，大约这旧情不能被人所理解和接受，因此它也就只能像梦一样的飘忽，梦一样的恍惚。

淡黄柳并序

（宋）◎ 姜　夔

客居合肥南城赤阑桥之西，巷陌凄凉，与江左异，惟柳色夹道，依依可怜。因度此阕，以纾客怀。

空城晓角，吹入垂杨陌。马上单衣寒恻恻。看尽鹅黄嫩绿，都是江南旧相识。　正岑寂。明朝又寒食。强携酒，小桥宅。怕梨花落尽成秋色。燕燕飞来，问春何在，唯有池塘自碧。

根据作者自序，此词是写客居合肥的情怀。夏承焘《姜白石系年》编在光宗绍熙元年（1190）。由于金人南侵，南宋偏安，文恬武嬉，不思恢复，江淮一带在当时已是边区。符离之战后，更是民生凋敝，风物荒凉。“合肥巷陌多种柳”（《凄凉犯》序），作者客居南城赤阑桥西，虽时近寒食清明，春光正好，却“巷陌凄凉，与江左异，惟柳色夹道，依依可怜”。作者饶有感慨，便自度了这支曲子，即名之曰《淡黄柳》。

上片写清晓在垂杨巷陌的凄凉感受，主要是写景。首二句写所闻，“空城”二字先给人荒凉寂静之感，这样的环境中，“晓角”的声音便异常突出，如空谷猿鸣，哀啭不绝。其声随风吹入垂杨巷陌，像在诉说此地的悲凉。听的人偏偏是异乡作客，更觉难以为情，此二句与《扬州慢》“清角吹寒，都在空城”意境相近。那词前面还说：“自胡马窥江去后，废池乔木，犹厌言兵。”此词虽未明说如此，但其首二句传达的“巷陌凄凉”之感，亦有伤时意味，不唯是客中凄凉而已。

紧接一笔倒卷，点出人物，原来他是骑在马上踽踽独行，同时写其体肤所感。将“寒恻恻”的感觉系于衣单不耐春寒，表面上是记实，其实也有推宕，这种生理反应当更多地来自“清角吹寒”的心理感受。城市的繁荣已成过去，但春天还是照旧来临。下二句写所见，即夹道新绿的杨柳。“鹅黄嫩绿”四字形象地再现柳色之可爱。“看尽”二字既表明除柳色外更无悦目之景，又从神情上表现游子内心活动——“都是江南旧相识”。“旧相识”唯杨柳（江南多柳，所以这样说），这是抒写客怀。而“柳色依依”与江左同，又是反衬着“巷陌凄凉，与江左异”，语意十分深沉。于是，作者就从听觉、肤觉、视觉三层写出了“岑寂”之感。

过片以“正岑寂”三字收束上片，包笼下片。当此环境冷清、心情寂寞之际，又逢“寒食”这个踏青邀游的日子，虽是荒凉的“空城”，没有士女郊游的盛况，但客子想到本地的相好。白石词中提到合肥相好实有姊妹二人，如《解连环》云：“为大乔能拨春风，小乔妙移筝，雁啼秋水。”“乔”姓，本字作“桥”。此词“小桥”即指“小乔”。郑文焯谓“小桥宅”即赤阑桥西客处，然“携酒”己宅，意实扞格，应指所欢居处无疑。说“强携酒，小桥宅”，是本无意绪而勉强邀游，“携酒”上著“强”字，则醉不成欢可以预知。

上数句以“正岑寂”为基调，“又寒食”的“又”字一转，说按节令自该应景为欢；“强”字又一转，说载酒寻欢不过是在凄凉寂寞中强遣客怀而已。再下面“怕梨花落尽成秋色”的“怕”字又一转，说勉强寻春遣怀，仍恐春亦成秋，转添愁绪。合肥之秋如何？作者《凄凉犯》有云：“绿杨巷陌秋风起，边城一片离索。”作者只将李贺“梨花落尽成秋苑”易一字叶韵，又添一“怕”字，意恐无花即是秋，语便委婉。以下三句更将花落春尽的意念化作一幅具体图景，以“燕燕飞来，问春何在”二句提唱，以“唯有池塘自碧”景语代答，上呼下应，韵味自足。“自碧”云者，是说池水无情，则反见人之多感。这最后一层将词中空寂之感更写得入木三分。

词从听角看柳写起，渐入虚拟的情景，从今朝到明朝，从眼中之春到心中之秋，用淡笔渲染“空”、“寒”、“岑寂”等等感受，其惆怅情怀似不涉具体实事，然而，前人曾道“自古逢秋悲寂寥”，作者却写出江淮之间春亦寂寥，并暗示这与江南似相同而又相异，又深忧如此春天恐亦难久。这就使读者感到词情决非“客怀”二字可以概尽。白石的伤春，实反映出同时代人一种相当普遍的忧惧。故张炎把此词与《扬州慢》等并提，云：“不惟清空，且又骚雅，读之使人神观飞越。”（《词源》）

鹧鸪天

（宋）◎ 姜　夔

元夕有所梦

肥水东流无尽期，当初不合种相思。梦中未比丹青见，暗里忽惊山鸟啼。　　春未绿，鬓先丝，人间别久不成悲。谁教岁岁红莲夜，两处沉吟各自知。

此词大略上片言相思，下片写沉哀。

戴叔伦《湘南即事》云："沅湘日夜东流去，不为愁人住少时。"鱼玄机《江陵愁望寄子安》："忆君心似西江水，日夜东流无歇时。"词的首二句与此略似。肥水东流句，暗示相思的地点、对象，也暗示相思之无穷无尽，写景，也是抒情。久别难见，只有求之梦寐，但梦中所见依稀仿佛，连画图都比不上，何况还被山鸟啼醒呢！所以诗人喟然长叹"当初不合种相思"。既有今日，何必当初！但当初为情所迷，哪里能顾及到以后的情况呢！夏承焘说，姜夔"孤往之怀有不见谅于人而婉转不能自已者"，此言可信。人间自有不能见容于礼教、习俗或制度的真情，可遇而不可求的爱情一旦发生，悲剧也就潜伏下来，流言灌耳，舆论铢心。当事人敢作敢当，义无反顾，也许是另一番结局。大多数人则顾虑重重，经受着巨大的心灵创痛，低回婉转，忧伤以终老。

此词作于 1197 年，与另一首《鹧鸪天》（辇路珠帘两行垂）是其怀念合肥女子的最后之作。此时姜夔四十三岁左右，距最后一次别合肥，已经六年，距年轻初遇之时已经二十年左右了。爱情总是要求得到交流与回应的，长期不能见面，没有接触，双方总会感到不幸，感到不满足，尽管爱情遭到间阻，有时反而激发出更大的力量。时间会侵蚀记忆，使其面目全非，也会把记忆擦得更亮。对于姜夔，相思之痛是弥漫性质的，它已经渗透进生活的方方面面，诗人会随时随地陷入记忆和相思之中。习惯了忧伤，也就不再感到忧伤了。这又是诗人的伤心发现："人间别久不成悲！"只是在元宵佳节，各自回忆，各自沉吟，一种情怀，两地相知。这类诚挚的态度，纯似友情，不类狎妓，在唐宋情词中颇为突出。

但，"当初不合种相思"，"人间别久不成悲"云云，是不是正话反说，正好透露出作者的痴顽执著九死不悔呢？

临江仙

（宋）◎ 史达祖

愁与西风应有约，年年同赴清秋。旧游帘幕记扬州。一灯人著梦，双燕月当楼。　　罗带鸳鸯尘暗澹，更须整顿风流，天涯万一见温柔。瘦亦缘此瘦，羞亦为郎羞。

史达祖（？—？），字邦卿，号梅溪，汴（今河南开封）人。尝为韩侂胄堂吏。韩败，坐受黥刑。有《梅溪词》。

这是一首闺中怀人词。“一灯人著梦，双燕月当楼”，与晏几道的“落花人独立，微雨燕双飞”意思相近，以双飞燕反衬人的孤独寂寞。她的郎君是在扬州吧？记得曾与他同游来着。她的郎君为什么年年的秋天都不在家呢？做官？求学？浪迹“花柳繁华地，温柔富贵乡”？谁知道呢！总之，他不呆在家里好好守着如花美眷，一门心思往外跑。可怜的妻子独守空房，也无心梳妆打扮，“岂无膏沐，谁适为容”（《诗·卫风·伯兮》），所以那绣有双鸳鸯的罗带也落满了灰尘，颜色暗淡了。一般的词写到此处意思也就尽了，别人的结处恰成史达祖的起处。老是这样愁下去，形容憔悴，怎么得了啊？不行，得找他去！尽管不一定能找到，但也得找，总比毫无指望的呆在家里强吧？“更须整顿风流”，犹如柳永《锦堂春》“把芳容整顿”，风流指风韵，“整顿”二字让人精神一振，也振起全篇！万一见到了“冤家”，可不能让他看到自己萎靡不振的模样，我一定要风流标致，像模像样。尽管人瘦了些，千里迢迢的找来，有些不好意思，还不全是为了他吗？

要是真有这样一位有主见的闺阁女子，有办法，敢作为，给人以希望，以力量，那该多好！只可惜，这不过一场梦而已！“一灯人著梦”，天涯相见只能在梦中。据研究，“做梦时和清醒时的人格都是相同的”（［奥］阿德勒《让生命超越平凡》）。从梦中情形来看，这位女子心有千千结，柔肠一万缕，直是让人怜爱。正是：“一场幽梦同谁近？千古情人独我痴。”（《红楼梦》）

西楼曲

（宋）◎ 元好问

元好问（1190—1257），字裕之，金太原秀容（今山西忻县）人。曾读书于山西遗山，因号遗山山人，世称元遗山。金宣宗兴定五年（1221）进士。官镇平、内乡、南阳等县县令。后入朝，历尚书省左司员外郎，入翰林，知制诰。金亡不仕。有《遗山先生文集》40卷。又编金人诗为《中州集》10集。

游丝落絮春漫漫，西楼晓晴花作团。楼中少妇弄瑶瑟，一曲未终坐长叹。去年与郎西入关，春风浩荡随金鞍。今年匹马妾东还，零落芙蓉秋水寒。并刀不剪东流水，湘竹年年泪痕紫。海枯石烂两鸳鸯，只合双飞便双死。重城车马红尘起，乾鹊无端为谁喜。镜中独语人不知，欲插花枝泪如洗。

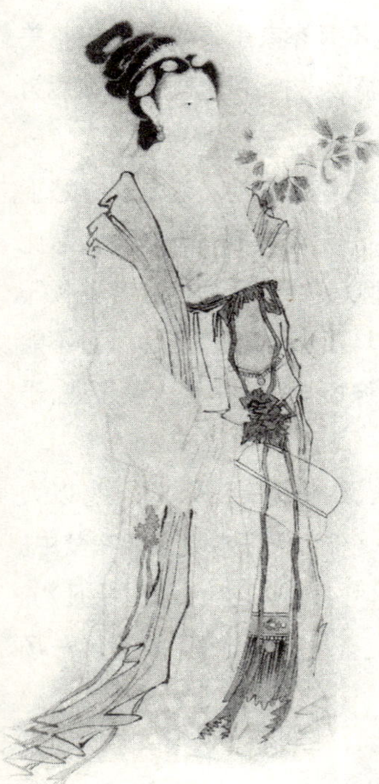

此诗写一个少妇对在外为官的丈夫的深情思念。全诗十六句，分四段。

一段从自然景色引出少妇。“游丝落絮春漫漫，西楼晓晴花作团”二句写楼外景色，接着，诗人将镜头焦点转向楼头：“楼中少妇弄瑶瑟，一曲未终坐长叹。”少妇长叹什么，没有明说，但透过“游丝落絮”的暮春景色，可略窥其心绪——游丝就像她飘忽不定的心绪，那漫漫飞絮就如她那挥之不去的愁情。

二段是少妇的内心独白：“去年与郎西入关，春风浩荡随金鞍。今年匹马妾东还，零落芙蓉秋水寒。”“春风浩荡”既是自然的描绘，更是去年心理情绪的写照，两句写出两情相悦的柔情蜜意。“零落芙蓉秋水寒”一句，则是今年心理情绪的写照。“去年”与“今年”相互对比映衬，更觉眼前境况的难堪——大约少妇也会从心底发出“悔教夫婿觅封侯”之类的感慨吧。

三段写相思之苦。“并刀不剪东流水，湘竹年年泪痕紫。海枯石烂两鸳鸯，只合双飞便双死”四句，连用几个形象生动的比喻、关于爱情忠贞的典故、山盟海誓的习语，表达出少妇对丈夫的相思执著之深情，带有浓郁的民歌风味。

四段写少妇思夫的一个细节：“重城车马红尘起，乾鹊无端为谁喜？镜中独语人不知，欲插花枝泪如洗。”城楼处忽有高轩奔驰，腾起飞尘，同时还听到喜鹊的叫声，谚云：“乾鹊噪而行人至。”（《西京杂记》三）两个信息加在一起，使她更强烈地思念夫君，然而喜鹊报喜，何曾有凭，希望殷切，失望更大。因而她不免失态，“镜中独语”就写出这种失态，为迎接丈夫准备的鲜花还未簪上发鬓，却已泪流满面——这时反而不要紧了，因为少女已得到一种宣泄。

泥人

（元）◎ 管道昇

泥人儿，好一似咱两个。捻一个你，塑一个我，看两下里如何。将他来揉合了重新做，重捻一个你，重塑一个我。我身上有你也，你身上有了我。

管道昇（？—？）赵孟頫夫人。

明蒋一葵《尧山堂外纪》云：赵孟頫欲纳妾，夫人管氏作《我侬词》曰："我侬两个，忒煞情多。情多处，热似火。把一块泥，捻一个尔，塑一个我。将咱两个，一齐打破，用水调和。再捻一个尔，再塑一个我。我泥中有尔，尔泥中有我。我与尔生同一个衾，死同一个椁。"赵孟頫阅词大笑而止。

《泥人》取自《挂枝儿》，系《我侬词》的改作。冯梦龙云："此赵承旨赠管夫人语，增添数字，使成绝调，赵云：'我泥里有你，你泥里有我。'此改'身上'二字，可谓青出于蓝矣。"因为改作更好，故从之。而仍署原作者之名。

"恋爱的男女结合的极致，一定是人格的合一"（刘大白），这"人格"应包含精神到肉体的双重意义。所以有人判别友谊与爱情的区分是："友谊者两体一心，爱情者两心一体。"古希腊神话用象征寓言的方式深刻揭示了这一意义：人本来是八肢圆球体怪物，头上正反两张脸孔，宙斯遂强行将之剖为两半，剖开的两半都痛苦极了，拼命地缠在一起，要重新结合为一体。这神话不仅暗示着男女合欢的关系，而且暗示着爱到极致是不分彼此的。

《泥人》取象源于民间生活，故特别新鲜而富于生气。盖民间就有专捏泥人儿的技艺，而小孩儿们大都玩过这种游戏。一块粘泥可以任人塑捏，可掰开，也可合拢；捏了还可合，合了还可以捏，真是奇妙得很。作者从这里想到男女情爱关系，真可谓心有灵犀了。她想象男女都来自泥土："泥人儿，好一似咱两个，捻一个你，塑一个我。"简直就沟通了一个古代神话，即女娲抟土造人的故事。西方《圣经》所谓夏娃原是亚当的一根肋骨造成的，其象征意蕴也相同。正因为这样，

双方有合一即恋爱的基础，紧接着“将他来揉合了重新做”取象喻意更妙，“揉合”便是共堕爱河，重新做便是从少男少女成为了男人和女人。这时候“我身上有你也，你身上有了我”。现在由一体又成二体，但你中有我，我中有你，是更高层次的一体，是精神上更高的契合。由这首诗读者可得到启迪，从而更深理解郭沫若《凤凰涅槃》中的“凤凰和鸣”：“我们更生了，我们更生了。……我中也有你，你中也有我。我便是你，你便是我。火便是凰，凤便是火。翱翔！翱翔！欢唱！欢唱！”

这首诗与相传卓文君《白头吟》写作缘起相似，但“《白头吟》一味怨，这却不但毫无怨意，只是以深情动人，即论手段的高超，也何啻过卓文君万倍”，“即使推为中国文学史上女性抒情诗第一首，也不能算是过誉”（刘大白）。

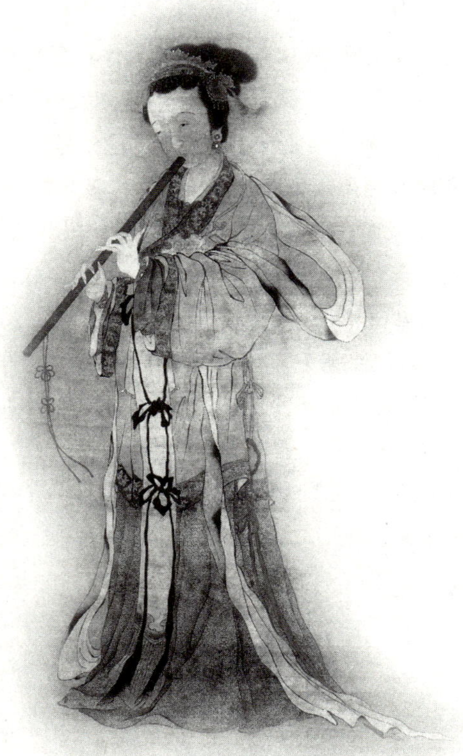

仙吕·一半儿·题情二首

（元）◎ 关汉卿

云鬟雾鬓胜堆鸦，浅露金莲簌绛纱，不比等闲墙外花。骂你个俏冤家，一半儿难当一半儿耍。

碧纱窗外静无人，跪在床前忙要亲。骂了个负心回转身。虽是我话儿嗔，一半儿推辞一半儿肯。

关汉卿（？—？），号已斋叟。大都（今北京）人，一说燕人，或解州（今山西解县）人。约生于金末，卒于元成宗大德年间。现存杂剧近二十种，散曲套数十余套，小令五十余首。与郑光祖、白朴、马致远并称“元曲四大家”。

“一半儿”是曲牌名，又名忆王孙，属于适宜表现“清新绵邈”情感的“仙吕宫”，“一半儿……一半儿”是定格。句式为：七七七、三七。曲中“骂你个”、“虽是我”、“儿”、“了”为衬字，衬字的运用使曲的语言更加口语化，活泼生动，这也是曲与诗词的一大不同之处。两支曲子，各自独立成章，又合成一个有机整体，为“重头”。第一首写男子见到闺中美丽的女子，也即他的心上人，春心荡漾，禁不住要上前调情。第二首写女子面对男子的亲昵举动，佯装嗔怪，半推半就。元曲的泼辣率真，多谐趣，于此可见一斑。它写男女情事，每多生活气息，富于人间烟火味。

它俗，但没有淫言媟语，俗中有人情，有雅趣，并不庸俗，恶俗。表现男女情事，特别是涉及欲望的时候，有一个艺术技巧的问题，一个度的把握的问题。关汉卿的这两支曲子很好的做到了这一点。清人李渔在《闲情偶寄》中谈及如何写欲事的问题，他指出两大良法：“如说口头俗语，人尽知之者，则说半句，留半句，或说一句，留一句，令人自思。则欲事不挂齿颊，而与说出相同，此一法也。如讲最亵之话虑人触耳者，则借他事喻之，言虽在此，意实在彼，人尽了然，则欲事未入耳中，实与听见无异，此又一法也。得此二法，则无处不可类推矣。”前人之言不妄，惜今人每每忘之。关汉卿此曲在写法上，用了李渔所说的前一法，即写一半留一半，至于怎么“耍”，怎么“亲”，怎么“推辞”，怎么“肯”，则付诸读者的想象，比写尽写死好得多。男女情事妙在一半儿一半儿的，关汉卿的写法也妙在一半儿一半儿的。

中吕·阳春曲·题情二首

（元）◎ 白　朴

白朴（1226—1306），字仁甫、太素，号兰谷先生。隩州（今山西河曲）人。后居真定（今河北正定）。金亡入元不仕，浪迹山水。与关汉卿、马致远、郑光祖并称“元曲四大家”。

轻拈斑管书心事，细折银笺写恨词。可怜不惯害相思。则被你个肯字儿，迤逗我许多时。

从来好事天生俭，自古瓜儿苦后甜。奶娘催逼紧拘钳，甚是严，越间阻越情忺。

白朴的《阳春曲·题情》小令共有六首，像是组曲，都是以爱情为主题。这里选的前一首写相思，后一首写偷欢，具有代表性。

对于一个少女来说，爱情简直是她生命中的头等大事。一旦体验到初恋的幸福美妙，便不由自主，身陷其中，不能自拔，无论结果如何，对她的一生影响都至为深远。她变得多愁善感，分不清感情与理智，她用身体来思想，靠回忆过去和对未来的憧憬而活着。徐再思的〔折桂令〕《春情》就非常细腻地刻画了一个情窦初开的少女的相思“症候”：“平生不会相思，才会相思，便害相思。身似浮云，心如飞絮，气若游丝。空一缕余香在此，盼千金游子何之。证候来时，正是何时？灯半昏时，月半明时。”我们可以把白朴的前一首与徐再思的这一首连起来读。这位“不惯害相思”的少女显然也是初恋，她想通过写情书的方式宣泄心中的郁闷，因为对方好像违背了诺言。要知道“士之耽兮，犹可说也。女之耽兮，不可说也”（《诗经·卫风·氓》）。不像男子，女子陷入爱情之中就难以解脱。男人们，你们可要慎重负责啊！

第二首大胆泼辣，表达了对爱情的执著追求。“从来好事天生俭，自古瓜儿苦后甜”，以比喻说理，引出下文。“奶娘催逼紧拘钳，甚是严，越间阻越情忺。” 情忺（读如先），情意相投。叙事中抒情，仍然含有理趣。哪里有压迫哪里就有反抗。对于相爱的两个人来说，外力越是阻挠、破坏，反弹的力量也就越大。因为要经过努力奋斗，突破藩篱障碍，才能尝到禁果，无形中使禁果升值了，美化了，两颗心会贴得更紧，爱情也更热烈。世间的事情总是这么复杂，奶娘的阻挠破坏反而成就了这一对情人的爱情。

仙吕·翠裙腰

（元）◎ 杨 果

莺穿细柳翻金翅，迁上最高枝。海棠零乱飘阶址，坠胭脂。共谁同唱送春词。

[金盏儿]减容姿，瘦腰肢，绣床尘满慵针指。眉懒画，粉羞施，憔悴死。无尽闲愁将甚比，恰如梅子雨丝丝。

[绿窗愁]有客持书至，还喜却嗟咨。未委归期约几时，先拆破鸳鸯字。原来则是卖弄他风流浪子：夸翰墨，显文词，枉用了身心空费了纸。

[赚尾]总虚脾，无实事，乔问候的言辞怎使。复别了花笺重作念，偏自家少负你相思。唱道再展放重读，读罢也无言暗切齿。沉吟了数次，骂你个负心贼堪恨，把一封寄来的书都扯做纸条儿。

杨果（？—？），元曲家，字正卿，元祁州蒲阴（今河北安国）人。金正大甲申（1224）进士，历任州县，以廉干称。入元为河南经略史天泽幕下参议。中统初（1260）任北京宣抚使，二年拜参政。以老致仕。卒年七十五，谥文献。有《西庵集》。

这是一套极富喜剧性的散曲，它通过一位女子接读一封不无虚情假意的“情书”的前后情态变化，将主人公既爱又恨的心理，剖绘得淋漓尽致，颇有生活气息。

首曲写一派暮春景象：黄莺儿金翅翩跹，在柳枝间穿梭，一忽儿又飞上高枝。它们的歌舞，是主人公寂寞孤独的反衬。红色的海棠花瓣，飘落满阶，如泪洒胭脂，是主人公怨苦的象征。这里的写景不但十分关情，而且造语尖新俏丽，“金翅”、“胭脂”等字面，色泽鲜艳可喜。末句点出孤独送春之意，有水到渠成之感。

次曲写主人公憔悴无聊的情态，反复形容。先说其姿容瘦损；继说其精神慵懒，既无心于女红，亦无心于修饰。凡此，皆因过度相思使然。“憔悴死”三字说到顶了，然后又巧设一喻，说女主人公的闲愁，有如梅雨之绵绵不绝。“梅子雨丝丝”状愁，直接取法于“贺梅子”（贺铸）。较之贺的“梅子黄时雨”（《青玉案》），本曲“丝丝”

叠字，更有绘声绘形之妙，把“忧从中来，不可断绝”之意，传达得更为入化。

以上写主人公接信前的百无聊赖和寂寞孤独，是为铺垫。第三曲则开始切入全曲中心事件——读信。先写见信后的心跳：“有客持书至，还喜却嗟咨。”这欣喜与忧叹交加，正见她此时心情的复杂与激动。欣喜为有书信捎来；忧叹为未见交代确实的归期（“未委归期约几时”）。所以急急忙忙打开了情书（“鸳鸯字”）想看个究竟。谁知信上通篇说了许多嘘寒问暖的话，果然没有触及“归期约几时”这个实质性的问题。这才是期待有多高，失望有多重呢。即便他“文章”写得漂亮，信上全是甜言蜜语、山盟海誓一类的艳辞丽语（“夸翰墨，显文词”），却只是个虚情假意的“风流浪子”，还不及老实巴交的情种好！难怪女主人公一点也不欣赏他的才华。看来他真是枉费心机——“枉用了身心空费了纸”。字里行间，活泼泼跳动着作家观察生活的机智和幽默，是曲中本色而上乘的文字。

尾曲承上，先自愤愤不平：“这样的虚伪，这样不实在的假惺惺的问候亏他说得出口！”（“乔问候的言辞怎使”）全曲至此为一小高潮，以下作者却宕开一笔：女主人公疑心是自己错怪了对方，把放下的“花笺”又拿起来，实实在在看了一遍，觉得自己确实没有误会，才坐实了这桩“公案”。于是波澜又起，且来势更加猛烈——“读罢也无言暗切齿，沉吟了数次”，简直像一个量刑的“法官”，最后作出了如下感情的宣判：“骂你个负心贼堪恨，把一封寄来的书都扯做纸条儿。”曲在扯纸声中结束，极为精彩，大有“曲终收拨当心划，四弦一声如裂帛”之致。

看来作品的审美效果是“喜”，不是“悲”，读来让人忍俊不禁。如果读者认为作者的用意仅在揭露男子负心，那就太表面化了，且与作品气氛不合。其实这里更多地是在玩味着女主人公那份自相矛盾的心理，即爱情生活中一种普遍的心态。在这里，恨，是因为爱；失望，是因为憧憬。今天她撕了信，如果明天他归来，那么一切又都会言归于好。作者从生活中发掘出真（怨恨之情态）与善（爱恋之深挚）的矛盾冲突，给以轻松的披露，善意的揶揄，构成了一种喜剧的因素。如果说曲中有情有景二端，尚与诗词类同；那么，曲中有“戏”，便与诗词迥异。元散曲在唐诗宋词后另辟新境，从此曲可见一斑。

南吕·金字经二首

(元)◎ 贯云石

蛾眉能自惜,别离泪似倾。休唱阳关第四声。情,夜深愁寐醒。人孤零,萧萧月二更。

泪溅描金袖,不知心为谁?芳草萋萋人未归。期,一春鱼雁稀。人憔悴,愁堆八字眉。

贯云石(1286—1324),维吾尔族,阿里海涯孙,父名贯只哥,遂以贯为氏,名小云石海涯,自号酸斋。仁宗朝拜翰林侍读学士,后称疾辞仕,移居江南。卒后追封京兆郡公,谥文靖。

男方要走,留是留不住了。从道理上讲,女主人公也知道忧能伤人,不宜过份忧伤;然而到了送别的时候,还是情不自禁地洒了许多的眼泪。唐人诗道:“相逢且莫推辞醉,听唱阳关第四声。”(白居易)那是劝酒之辞,改一字作“休唱阳关第四声”,则是表明承受不了太多的别情。

一字句“情”耐人寻味,能使人联想到“世间只有情难尽”(雍陶)、“问世间情为何物”(元好问)等名言。最后写男方走后,女主人公深夜不能成寐,独起看月的情态。萧萧是风声,衬托出环境的凄寂。

散曲的用韵较诗为密,此曲除首句外,其余句句入韵,韵密则气促,读来更觉词苦声酸。

此曲为一位期盼远人的闺阁佳人造象。李白《怨情》诗道:“美人卷朱帘,深坐颦蛾眉。但见泪痕湿,不知心恨谁。”此曲一起即用之,妙在从旁观的角度写出。“芳草萋萋”用楚辞《招隐士》“王孙游兮不归,春草生兮萋萋”句意,点明佳人心之所恨,在远人未归。

“期”字如一锤定音,是全曲的主题字。“一春鱼雁稀”即“一春鱼雁无消息”(王实甫),这也是佳人所恨内容之一。结尾作特写:佳人形容憔悴,愁眉不展。

“八字眉”,本唐代妇女眉式,未必即佳人所描。只是因为她眉头高蹙,眉尖低垂,便成了八字眉。虽写闺怨,却带一点诙谐和风趣,这是散曲不同于诗词的特点之一。

中吕·红绣鞋

（元）◎ 贯云石

挨着靠着云窗同坐，偎着抱着月枕双歌，听着数着愁着怕着早四更过。四更过情未足，情未足夜如梭。天哪，闰一更儿妨什么！

开篇就是挨着、靠着、偎着、抱着，又是同坐，又是双歌，“云窗”、“月枕”的造语也很风雅别致，穷形尽相描出男欢女爱、卿卿我我之事。开诗词绝无之境界。

钱钟书对快乐有一个别致的解释，大意是说快乐的属性就是过得快。无怪有“春宵苦短”，“好景不长”之说。曲中这一对男女，就一面快乐着，一面又听着、数着、愁着、怕着，不知不觉早四更过。所以他们一面叫苦，一面央求：天哪，闰一更儿妨什么！

常言道“穷苦之词易好，欢乐之词难工”，此曲写欢情，却不一味写欢，也写欢乐的美中不足，欢乐中的叫苦，所以工了，所以好了。

此曲的出色，不仅在内容，而且在形式。看他一口气八个“着”字，如大珠小珠落玉盘，又连连顶针“愁着怕着早四更过。四更过情未足，情未足夜如梭”，酣畅淋漓之至，充分表现了散曲豪放的本色。人们听说过闰年、闰月，谁听说过“闰更儿”？亏他想得出。这又充分表现了散曲的谐趣。

中吕·朝天子·赴约

（元）◎ 刘庭信

夜深深静悄，明朗朗月高，小书院无人到。书生今夜且休睡着，有句话低低道：半扇儿窗棂，不须轻敲，我来时将花树儿摇。你可便记着，便休要忘了，影儿动咱来到。

刘庭信（？—？），本名廷玉，行五，人称黑刘五，益都（今属山东）人。

唐诗人元稹作传奇《莺莺传》，传中张生与崔莺莺诗词往还，有所谓崔莺莺赠诗《明月三五夜》云："待月西厢下，迎风户半开。拂墙花影动，疑是玉人来。"崔、张故事广为流传，以此为本，历代出现了多种说唱作品，如董解元的《西厢记诸宫调》、王实甫的《西厢记》等，成就最高的当属后者，有出蓝之妙。《西厢记》袭用了《莺莺传》中的这首诗，不过将"拂"字该为"隔"字而已，算不上再创造。刘庭信的这首〔朝天子〕《赴约》也从这首诗脱胎而出，将诗的形式变为曲的形式，增加了一些枝叶，变化不大，缺少创意，不能说很成功。

将原有的作品进行裁剪改写的作品，前人称为"檃括体"，檃括体受原作立意构思的限制，难出其右。要想超出原作，要么赋予新的寓意，要么完善其艺术技巧，舍此无他。思与人合，直用、化用前人一二成句一如己出者屡见不鲜。但通篇檃括而青出于蓝者极为少见。譬如宋代的贺铸自谓"吾笔端驱使李商隐、温庭筠，常奔命不暇"（清·张德瀛《词徵》），但他的很多檃括之作并不高明，如《晚云高》词："秋尽江南叶未凋，晚云高。青山隐隐水迢迢，接亭皋。二十四桥明月夜，弭兰桡。玉人何处教吹箫？可怜宵。"杜牧《寄扬州韩绰判官》诗云："青山隐隐水迢迢，秋尽江南草未凋。二十四桥明月夜，玉人何处教吹箫？"很明显，贺铸的词几乎照搬杜牧的诗，变换了一二句的位置，改"草"为"叶"，增加了一些帮衬字，这样的檃括，实在无多少新意，文字游戏而已。

中吕·红绣鞋

(元)◎ 无名氏

一两句别人闲话，三四日不把门踏。五六日不来呵在谁家？七八遍买龟儿卦。久已后见他么，十分的憔悴煞。

这支曲子模拟一个女子的口吻，倾诉爱的困惑。本来两人相爱，但对方一听见别人的闲话就退缩了，不敢将爱情进行到底，害得女子心里如同十八只吊桶七上八下，她寻思，她占卦，她不知道以后还要不要见他，真是兀的不闷杀人也么哥！读元散曲我常有这么一种感觉：这些作品骨子里透着幽默，散曲作家们将人生看得很透，既深入人生，又能超越人生，即使写苦难，写悲剧，也能以喜剧精神化解人生的惨痛，替苦闷的人生吐一口气。这是为什么呢？大约与元曲的趣味性要求有关。元曲是随着宋金俗文学的产生而产生的，它是一种表演的艺术，作家既要悦己，又要悦人，需要较强的娱乐性、趣味性，于是幽默俏皮的成份就相当的多了。

这支曲子的写法独特，将数字从一至十（“久”谐音“九”）嵌入曲中，顺畅自然，令人赞叹。又，几乎句句押韵（元曲平仄混押），韵脚密，与从一到十的数字前后呼应，饶有趣味。诗中嵌入数字，叫做“数字诗”，文学史上成功的范例不少，兹再举一二，以供欣赏发明。宋代理学家邵雍的《蒙学诗》云：“一去二三里，烟村四五家。亭台六七座，八九十枝花。”也用了从一到十的数字，描绘出一幅赏心悦目的乡土风景画。唐代诗人张祜的《宫词》云：“故国三千里，深宫二十年。一声何满子，双泪落君前。”诗咏孟才人与唐武宗故事，短短的二十个字的五言绝句，动用了“三千”、“二十”、“一”、“双”等数字，“四句皆对，而纯出自然，是唐人五绝中感天动地之作，也是宫词中最扣人心弦的作品”（周啸天《唐绝句史》）。元曲作家徐再思〔水仙子〕《夜雨》云：“一声梧叶一声秋，一点芭蕉一点愁，三更归梦三更后。落灯花棋未收，叹新丰孤馆人留。枕上十年事，江南二老忧，都到心头！”该曲是游子思乡、感慨身世之作，前三句连用数字，句法回环，成三句鼎足对，浑然天成。

吴歌

（明）◎ 刘 基

侬做春花正少年，郎做白日在青天。白日在天光在地，百花谁不愿郎怜。

承郎顾盼感郎怜，准拟欢娱到百年。明月比心花比面，花容美满月团圆。

便道逢春花合开，谁知秾艳有人猜。山鸡不入家鸡侣，野果难同园果栽。

蛾眉二八不曾愁，有色无媒郎不留。月里蟾蜍推落地，几时再得广寒游？

栽花图作看花人，谁料花开不及春。昨夜狂风今夜雨，为花落得两眉颦。

刘基（1311—1375），字伯温。青田（今属浙江）人。元末进士。曾任江西高安到丞，浙江儒学提举，旋弃官归隐。元至正二十年（1360）受聘至金陵，为朱元璋出谋划策，开创帝业，为明开国元勋。明初授太史令。累迁御史中丞，封诚意伯。洪武四年（1371）辞官归故里。谥文成。有《诚伯意文集》传于世。

“吴歌”乃南朝乐府旧题，内容多表现男女恋情，风格艳丽。刘基这几首“吴歌”，也可以作为爱情诗来读。

第一首以代言的口气，用两个有趣的比喻，写出了春花因白日照耀而开放，少女因情郎爱怜而产生爱情的巧妙联系，“百花谁不愿郎怜”，是这首诗的主旨。

第二首“承郎顾盼感郎怜”是说接受（承）情郎一顾一盼的眼神，就能感受到情郎的种种爱恋（怜），写出了情人在热恋中心领神会，情感交流的特定心境。“顾盼”二字写得传神。“准拟欢娱到百年”是说打算（准拟）和情郎欢欢乐乐生活一辈子。接着少女把内心的愿望和盘托出:“但愿我的容貌永远像花那样美,那样艳;我的心灵永远像满月那样圆,那样亮。”字里行间流露出了少女对未来的无限陶醉,表现了少女的天真无邪。

第三首写少女生活中的风波,虽说花儿逢春就该开放,谁想花开得鲜艳也有人猜忌。少女不免发出慨叹:“我是山鸡和野果,决不同你们家鸡为侣,与园果同栽。”借以表明自己不同对方一般见识。

第四首写少女对婚姻的苦恼。十六岁(二八)的少女(蛾眉)本不知忧愁,但到婚龄则平添苦恼,纵有美貌,如果没有媒人作媒,在那个社会里,情郎是不会留人的。“月里蟾蜍推落地,几时再得广寒游”,此本梁刘昭注《后汉书·天文志》:“羿请无死之药于西王母,恒娥窃之以奔月……恒娥遂托身于月,是为蟾蜍。”可见蟾蜍,意指嫦娥。

第五首写少女惜花。栽花就图的是看花,谁料想花没有赶上阳光明媚的春天开放,却在黑夜受到暴风骤雨的袭击。面对残花只落得愁眉不展了。

由于汉语诗歌有比兴寄托的传统,刘基作于元时原载《覆瓿集》的这一组诗,实为借题发挥,寄托他政治上失意之作。钱谦益云:“余考公事略,合观《覆瓿》、《犁眉》二集,窃窥其所谓歌诗,悲婉衰飒,先后异致,其深衷托寄,有非国史家状所能表其微者。”(《列朝诗集小传》)相关历史事实如下:元至正年间,“方国珍起海上,掠郡县,有司不能制。复辟基为元帅府都事”。刘基力主剿捕,而元当权者却贪方氏之贿,“遂招抚国珍,授以官,而责基擅威福”(均见《明史·刘基传》)。刘基被罢官,羁管绍兴,他曾想自杀,幸亏门人密里沙救了他。“吴歌”即其发愤之作。

就寓意言,这组诗写了一个封建社会的小官员由对统治者的幻想、追求,以至遭受打击,开始对现实表现不满的经历。由“百花谁不愿郎怜”,幻想“准拟欢娱到百年”,“谁知秾艳有人猜”,结果“月里蟾蜍推落地”、“为花落得两眉颦”。联系刘基在政治生涯中的遭遇,那“吴歌”中的语句都是有所指的。

懊恼曲效齐梁体

（明）◎顾　璘

小时闻长沙，说在天尽处。人言见郎船，已过长沙去。

春风上燕京，秋风下湘渚。黄鹄有六翮，定自不及汝。

顾璘（1476—1547），字华玉，原籍吴县人。弘治九年（1496）进士。官至南京刑部尚书，与李梦阳、何景明、徐祯卿等相交游。作诗宗唐。

《懊恼曲》一作《懊侬歌》，产生于齐梁时江南吴地，多用来抒写爱情受到挫折的痛苦。这种体裁系用女子口吻作“代言体”，最要在痴情二字上用力，而以语言兴象独到者为佳。

第一首的妙趣在诗中摆出了两种似乎矛盾的说法，令闺中少女莫衷一是。这女主人公怨恼地说：“小时候听人说，长沙远在天边，那就是天的尽头哩；可现在又听人说，我那位冤家的船儿，已走过长沙去了，看来长沙又并非天的尽头啊。”要么是A，要么非A，这是个简单的逻辑常识。所以少妇料定必有一说是骗人的。也许她希望后者虚假，然而理智告诉她却相反，所以她“懊恼”。其实，诗中的前后两说并无矛盾。对于古代江浙人来说，远在长江中游的长沙，自可喻为天边，恰如唐人说长安在日边一样。那是修辞性的说法，而“人言见郎船，已过长沙去”，则是一个事实的陈诉。旁观者都会觉得问题很清楚，而诗中女子却搅得一塌糊涂，实在是她因怨转痴，迁怒于捎信者而已。这也是一种并不罕见的情态，诗人已将其描写得入木三分。

第二首初读似乎在写雁，说它春来北上，秋来南下，真是能飞得很呢？“鸿鹄一举千里，所恃者六翮耳”（《韩诗外传》），已经是善飞的了，但比起雁儿的一岁两行役来说，恐亦自愧弗如。读者有点奇怪，少妇何以生此非非之想。细味这个“汝”字（就是“你”，不是“您”）所具有的随便、亲密的色彩，才恍悟是在指桑骂槐。乃是说她那冤家，天热就北上经商，天寒就南下经商（“燕京”、“湘渚”概言而已），真是不辞辛苦，乐此不疲呢！比黄鹄还会飞。成语说“杳如黄鹄”，他比黄鹄还要杳如！这是在夸他，还是在损他；是在爱他，还是恨他，这味儿很复杂，统而言之，即“懊恼”而已。

远别曲

（明）◎ 谢　榛

郎君几载客三秦，好忆侬家汉水滨。门外两株乌柏树，叮咛说向寄书人。

谢榛（1495—1575），字茂秦，号四溟山人，明临清（今属山东）人。“后七子”之一。早工词，后折节读书，刻苦为诗。与李攀龙、王世贞等结成诗社，倡导文学复古运动。后为李攀龙等人排挤，客游诸藩王间。有《四溟集》、《四溟诗话》。

远别怀人之作历来很多，这首诗写女子对丈夫的思念。第一句从女子的角度来写，郎君远赴三秦已经好几年了，什么时候才能回来呢？直陈其事，表达女子年深日久的思念。第二句想象郎君也应该常常思念汉水边的家乡吧！想象对方思念自己，迂回曲折，情思婉转。这种利用时空的转换拓展诗意诗境的做法古已有之，也是成功的经验。譬如《诗经·魏风·陟岵》写服役者思念亲人，而联想亲人思念自己。又如高适《除夜》诗：“旅馆寒灯独不眠，客心何事转凄然？故乡今夜思千里，双鬓明朝又一年。”白居易《邯郸至夜思家》诗：“邯郸驿里逢冬至，抱膝灯前影伴身。想得家中夜深坐，还应说着远游人。”都是亲人相互思念的例子。而李商隐的《夜雨寄北》诗：“君问归期未有期，巴山夜雨涨秋池，何当共剪西窗烛，却话巴山夜雨时。”由现在想象将来相聚时回忆现在，折而又折，令人叹为观止。

三、四两句写女子通过寄书信的方式表达思念之情。大约这位女子不识字，不会自己写书信，所以请人代写。写些什么呢？千言万语，千头万绪，一时不知说些什么好，况且有些悄悄话是不宜于让写信的人知道的。有了，就说说家门外的那两棵乌柏树吧！南朝乐府《西洲曲》有句云：“日暮伯劳飞，风吹乌柏树。树下即门前，门中露翠钿。”这两株乌柏树可能是他们定情的见证人，也可能是新婚时所手

植，此中有誓两心知，不必多说，郎君一定知道其中的含意。刘熙载《艺概·诗概》说："绝句取径贵深曲，盖意不可尽，以不尽尽之。正面不写写反面，本面不写写对面、旁面，须如观影知竿乃妙。"又说："以鸟鸣春，以虫鸣秋，此造物之借端托寓也。绝句之小中见大似之。"不言思念，而言乌桕树，就是写旁面，小中见大，以不尽尽之。谢榛《四溟诗话》说："凡作诗不宜逼真，如朝行远望，青山佳色，隐然可爱，其烟霞变幻，难于名状。及登临非复奇观，惟片石数树而已。远近所见不同，妙在含糊，方见作手。"这段话提出作诗"不宜逼真"、"妙在含糊"的观点。《远别曲》实践了他的主张。她"叮咛说向寄书人"的难道只有"门外两株乌桕树"吗？显然不是。诗中只言"门外两株乌桕树"，而书信中则要说说乌桕树怎么样怎么样，而郎君则能从书信中读出更多的信息，更多的言外之意。因此，诗语减而又减，乌桕树是具体的，又是抽象的，是具象的抽象，抽象的具象，它不逼真，妙在含糊。

杨慎（1488—1559），字用修，号升庵。四川新都人。正德年间状元，授翰林院修撰。世宗时，因大礼仪直言强谏，被谪戍云南永昌。著述之丰，明代推为第一。有《升庵集》。

青蛉行寄内

（明）◎ 杨　慎

青蛉绝塞怨离居，金雁桥头几岁除。易求海上琼枝树，难得闺中锦字书。

燕子伯劳相对眠，牵牛织女别经年。珊瑚宝树生海底，明星白石在天边。

人言西川遥，侬道西川近。东风吹梦过三巴，觉来身在南中郡。

青蛉，地名，汉晋后县废而名存。这三首诗是作者寄给妻子黄峨的。

第一首写望信。“绝塞”言谪居之地的荒凉边远。“离居”是夫妻分离。“怨离居”三字似从李白《南流夜郎寄内》“夜郎天外怨离居”来，或偶合，亦未可知。接下来想象妻子黄峨在家乡年年岁岁盼望自己归来。“金雁桥”在成都市区的西南隅，相传张仪筑成都时，“水中出金雁，固谓之雁桥”（《方舆胜览》五十一），这里借指黄峨所在。“岁除”即除夕，“几岁除”，指年光流逝很快，不知不觉岁月就过去好多年了。“琼枝树”是传说中的仙树，产于海中。仙树之说本属乌有，实难存在。“锦字书”，苏蕙织锦为回文诗，寄夫窦韬（《晋书·列女传》），这里代指妻子的书信。妻子的书信，作为丈夫，应该说是很容易收到的。但现在难于得到的海中仙树变成“易求”，而不难得到的闺中妻子的书信却反而“难得”。“难”“易”的不合常情，更觉难堪。按，“易求”“难得”常见于前人情诗的对句，如鱼玄机《赠邻女》“易求无价宝，难得有情郎”；刘克庄《玉楼春》“易挑锦妇机中字，难得玉人心下事”，诗人沿用这一句式来抒写自己相思怀人的特殊感情，很现成，也很亲切。

第二首写怨别。古乐府有“东飞伯劳西飞燕”(《东飞伯劳歌》)之句，诗人反其意而用之，说“燕子伯劳相对眠”，更表现出对夫妻相聚和团圆的向往。从古诗十九首来，“牵牛织女”即牛郎织女，就成为人间夫妇长期分居的象征，诗中也是如此，形同牛女，一“别经年”，有人不如鸟的意思。这首亦用对句结——“珊瑚宝树生海底，明星白石在天边”，是说自己与黄峨天南海北，无由相聚。用生在海底的“珊瑚宝树”和天上的“明星白石”来形容彼此所处空间距离的遥远，生态环境的迥异，是陌生化的，很新颖。

这首诗比喻与对比交错使用，把抽象的离人的相思眷恋之情寄之于物，使之形象地表现出来，生动具体，传神入画，虽未见人而人情俱现。伯劳的相对而眠，比喻夫妻相聚的和睦幸福，抒写诗人对夫妻团圆的企求；牛郎织女的不能相见，比喻夫妻的分离，抒写诗人对自身遭遇的哀叹；聚离欢悲，二者对比，使感情更为强烈。以珊瑚海底自喻，以明星白石拟黄峨，天上地下，互相对比，更显出夫妻远离的难以团聚，从而抒写出自己思念的迫切。这就使全诗感情真挚而动人。

第三首写梦归。如果说前二诗中不同程度地运用着比兴手法，这一首基本上是直抒胸臆。“人言西川遥，侬道西川近”，抬杠者往往各执一端，说“遥”是空间距离，说“近”是心理距离。你看，“东风吹梦过三巴”，诗人梦中经过“三巴”回到“西川”(“西川”指成都一带，“三巴”则包括成都以东的地区，按汉献帝建安六年改巴郡为巴西，永宁为巴郡，固陵为巴东，是为“三巴”)，这不是说近就近吗！然而，“觉来身在南中郡”，当他从梦中醒来，回到现实，却不免失望——仍然是身在贬谪之地的“南中郡”，这不是说远就远吗！通过抬杠的写法，诗人表达了对故乡、对妻子的思念之苦和内心复杂的情绪。

寄 外

(明)◎黄 峨

雁飞曾不到衡阳,锦字何由寄永昌。三春花柳妾薄命,六诏风烟君断肠。曰归曰归愁岁暮,其雨其雨怨朝阳。相怜空有刀环约,何日金鸡下夜郎。

这首诗是明代才女黄峨为他的丈夫杨慎而作。杨慎二十四岁中状元,少年得志,明世宗嘉靖三年(1524年)以"议大礼"得罪,谪戍永昌卫,这时他大概三十六岁,一直到1559年去世,都未能回四川老家。三十五年的流放生涯几乎占去了杨慎生命历程的一半光阴。妻子黄峨的相思愁怨不知有多深多长,而这首七言律诗也可算古代女诗人的翘楚之作。

黄峨(1498—1569),字秀眉,四川遂宁人。杨慎之妻。有《杨夫人乐府》。

竹枝词二首

（明）◎方　文

侬家住在大江东，妾似船桅郎似篷。船桅一心在篷里，篷无定向只随风。

春水新添几尺波，泛舟小妇解吴歌。笑指侬如江上月，团圆时少缺时多。

方文（1612—1619），字尔止，安徽桐城人。明诸生。明亡不仕，隐居南京。

第一首以船家女子的口吻，表示了对爱情的忠贞不渝，哀伤地指责自己所爱恋的男子对爱情的三心二意。诗全从桅、篷的设喻着想，“大江东”指安徽芜湖以下长江的南岸地区，表明水上人家的身份。她经常看到的东西，就是船上的“桅”与“篷”。“桅”是桅杆，桅杆的特性是独立不迁。“篷”呢，并不是指遮挡风雨的乌篷，而是指风帆，风帆的特点是顺风则张，逆风则收，没有定准。所以她觉得，自己的坚守就像那桅杆，而郎呢，他的见风行事，则像是风帆。

第二首中写了两个人，一个是旁人——“泛舟小妇”，一个是本人——“侬”。诗的大意是说：在一个春光融融，江水初涨的日子，“侬”撑船送一个少妇过江。行进途中，少妇唱起了曲调优美的吴歌（“解吴歌”，会唱吴歌）。吴歌，即吴声歌，江苏东南部的民歌，其歌词在内容上几乎全是情歌，所谓“郎歌妙意曲，侬亦吐芳词”（《子夜歌》）。她不但唱，而且别有所指，拿“侬”来比天上月亮，说是“团圆时少缺时多”——与夫君会合时少，分离时多。“团圆时少缺时多”应是歌的内容，因为唱这样的歌，切合眼前的情景，才有那样的打趣。

刘氏，生平、籍里未详。

寄衣

（明）◎ 刘 氏

不随织女渡银河，每到秋来几度歌。岁岁为君身上服，丝丝是妾手中梭。剪刀未动心先碎，针线才缝泪已多。长短只依元式样，不知肥瘦近如何。

唐诗人王驾的妻子陈玉兰作《寄外征衣》："夫戍边关妾在吴，西风吹妾妾忧夫。一行书寄千行泪，寒到君边衣到无？"（据《唐诗别裁集》）风寒天冷，不知征衣收到没有，特写信问候一声，挂念之情，关切之心，溢于言表。

元曲作家姚燧作〔凭阑人〕《寄征衣》："欲寄征衣君不还，不寄征衣君又寒。寄与不寄间，妾身千万难。"看来对方一时是不想回来了，这下可为难了做妻子的，她已经想到了不寄征衣，但内心矛盾着，痛苦多于思念。

元人陈基《裁衣曲》："殷勤织纨绮，寸寸成文理。裁作远人衣，缝缝不敢迟。裁衣不怕剪刀寒，寄远惟忧行路难。临裁更忆身长短，只恐边城衣带缓。银灯照壁忽垂花，万一衣成人到家。"回忆对方的身长尺寸，匆匆忙忙的缝衣，又担心他瘦了，要不要裁窄一些呢？银灯结花，只怕他要回家了吧？那该是好事情啊。又是关切，又是企盼，女人的双手忙，心思也一直没有停下来。

清代文人孙原湘的妻子席佩兰作《寄衣曲》："欲制寒衣下剪难，几回冰泪洒霜纨。去时宽窄难凭准，梦里寻君作样看。"梦中见到夫君的样子应该是记忆中的样子吧？那不还是去时的样子吗？痴语蕴深情。

相比之下，刘氏的这一首《寄衣》更多的是悲情，读之黯然。"长短只依元式样，不知肥瘦近如何"，元通原，与"临裁更忆身长短，只恐边城衣带缓"虽同一机杼，但一个担心瘦了，一个则无从知晓肥瘦，令人惘然无措。联系上文的"心先碎"、"泪已多"，可见其中有隐痛，有幽怨，自古红颜多薄命啊。

衣服乃生活必需品，男耕女织也罢，男主外女主内也罢，总之织布缝衣就是妻子的分内事。在过去的漫长时代，妻子相夫教子，从父从夫从子，围绕着家庭转，丈夫就是她的主心骨、顶梁柱，一旦丈夫长期在外，怎不教妻子牵肠挂肚呢？于是，寄衣就成了生活中一件极其重要的事情，一种情感的寄托，它所寄托的就是女人的千万缕柔肠，心里的"千千结"。

内人生日

（清）◎ 吴嘉纪

潦倒丘园二十秋，亲炊葵藿慰余愁。绝无暇日临青镜，频过凶年到白头。海气荒凉门有燕，溪光摇荡屋如舟。不能沽酒持相祝，依旧归来向尔谋。

吴嘉纪（1618—1684），字集贤，号野人。江苏泰州安丰场人。与周亮工友善。有《陋轩诗集》。

吴嘉纪本为明诸生，入清以后不再应试，绝意仕途。晚年贫病交困，穷愁潦倒而死。著有《陋轩诗》，有不少反映民生疾苦与揭露清初统治者暴行的作品。妻王睿，亦有文才，能诗词，著有《陋轩词》。《内人生日》是作者为其妻王睿生日而作。

诗中内容大概是说：我们结婚二十年了，这二十年来穷愁潦倒，你亲自下厨，操持教务，给我以安慰。你一年忙到头，连梳妆打扮的时间都没有，不断地遭遇危难，年年难过年年过，值得欣慰的是，我们白头偕老，是不幸中的万幸。居地近海，门庭荒凉，唯有燕子飞来飞去，小屋在波光浪影中飘摇，如同小舟一样，我们的日子真不安稳。现在你的生日到了，我手头没有钱置办酒菜，为你祝寿，依旧回来跟你商量怎么办。沈德潜评曰："三四写清贫之况，五六状濒海之景，末点化熟语，脱口生新，《庄子》所谓'有道妻子皆得佚乐'，可以想其高风焉。"（《清诗别裁》）——"贫贱夫妻百事哀"，诗人回顾二十年来妻子的含辛茹苦相依相伴的情形，表达了他的感激之情，同时也包含了自己的内疚与惭愧。在那个时代，夫唱妇随，夫荣妻贵，妻子的幸福安危维系在丈夫身上，而吴嘉纪特立独行，决心做一个有气节的知识分子，王睿跟随吴嘉纪艰难度日，她理解、体谅他，他也信赖她，遇事跟她商量。他们之间的关系是和谐的，虽贫困，何尝不是幸福的呢！

巴尔扎克在《两个少妇的回忆录》中写到一个叫勒南的女主人公，她代表理智，她在给女友的信中写道："婚姻产生人生，爱情只产生快乐。快乐消灭了，婚姻依旧存在；且更诞生了比男女结合更可宝贵的价值。故欲获得美满的婚姻，只须具有那种对于人类的缺点加以宽恕的友谊便够。"吴嘉纪与他妻子的关系像一种友谊，他们相互理解，宽容，相互提携照顾着度过风雨飘摇的日子。做平头百姓，过清淡日子，只要能相爱，就是幸福。与一个人缔结了终身婚约，就意味着建立一种家庭内部的联盟，共同应对人生的风风雨雨，抵抗意外的惊涛骇浪，这样的恩爱需要愿力，需要二人的真心合作。不如此，富贵又有何益？

朱彝尊(1629—1709)，字锡鬯，号竹垞，秀水(今浙江嘉兴)人。康熙十八年(1679)应博学鸿词科，授翰林院检讨。后革职，归家潜心著述。博通经史。诗与王士禛并称。词宗姜、张，为浙西词派创始人。有《曝书亭诗文选》。

桂殿秋

(清)◎ 朱彝尊

思往事，渡江干，青蛾低映越山看。　共眠一舸听秋雨，小簟轻衾各自寒。

世传朱彝尊与其姨妹冯寿常(字静志)间有过一段不同寻常的恋情，其《风怀二百韵》和《静志居琴趣》就都是为冯而作，或谓此词亦与此有关。

一起“思往事”即表明词所写乃伤逝怀旧之内容，下句“渡江干”则将所思之往事，定位在某一特定时空，说明作者所思的往事乃是渡江的一段情景。“青蛾低映越山看”句写景而景中有人，最是扑朔迷离。古代女子眉妆有小山眉，故词中以眉喻山和以山喻眉两种情况都是有的。“青蛾”本指女子眉黛，可用喻越山；而“越山”之妩媚，亦可用喻青蛾。故此句既可解为所爱的女子在船中看山，亦可解为词人看山兼看人，而一种心与目成的朦胧的感情联系亦隐现字下。——此境即所谓“照花前后镜，花面交相映”也。

末二句为词中之俊语，将彼此间朦胧的感情联系与保持的实际距离并举，却又通过彼此共同感受到的一个“寒”字，传递了微妙的信息。“共眠”与“各自”字面的呼应和唱叹，道出了一个清冷寂静的秋夜和两颗难以平静的心：共眠一舸——说近也近，各自簟枕——说远也远；共眠一舸——是有缘，各自簟枕——是无缘；共眠一舸——心中温暖，各自簟枕——身上寒冷。这种复杂的况味，与《西厢记》中张生所唱的“隔花阴人远天涯近”殊有同致。有人说是爱情悲剧，并不准确。词中写的是有了发生，却没有发展的爱。是自然(人性)与自律(礼防)的微妙冲突，最后表现为几分淡淡的哀愁，加上几分无奈。

“天下有情人皆成眷属”，从来只是一个美好的愿望，“楼前相望不相知”者有之，“恨不相逢未嫁时”者有之，词中所写男女之间有缘相逢而无缘相亲的遗憾，具有超越时代的普遍性。

悼亡

(清)◎ 王士禛

年年辛苦寄冬衣，刀尺声中玉漏稀。今日岁残衣不到，断肠方羡雉朝飞。

《诗经·邶风·绿衣》为我国第一首悼亡诗，诗云：“绿兮衣兮，绿衣黄里。心之忧矣，曷维其已！绿兮衣兮，绿衣黄裳。心之忧矣，曷维其亡！绿兮丝兮，女所治兮。我思古人，俾无訧兮！絺兮绤兮，凄其以风。我思古人，实获我心！”写丈夫对亡妻的思念，睹物怀人，情意难忘，开我国古代悼亡诗之先河。西晋潘岳“善为哀诔之文”，他的《悼亡诗》三首，为文人悼亡诗之名篇，其中有句云：“望庐思其人，入室想所历。帏屏无仿佛，翰墨有馀迹。流芳未及歇，遗挂犹在壁。”感人至深，更是影响深远。后世不断有佳作出现，如元稹的《遣悲怀》，苏轼的《江城子·乙卯正月二十日记梦》，贺铸的《半死桐》等等。虽然文无定法，但悼亡诗在写法上大略形成以下几个特点，即睹物思人法，今昔对比法，魂魄入梦法等。

王士禛的这一首《悼亡》通过寄衣的细节寄托哀思，与晚唐诗人李商隐的《悼伤后赴东蜀辟至散关遇雪》相类，后者如下：“剑外从军远，无家与寄衣。散关三尺雪，回梦旧鸳机。”二者都用了今昔对比法。王诗言妻子年年寄冬衣，但今年一岁将尽，却没有人寄衣来，暗指妻子已经去世，睹物思人，不胜其悲，意似贺铸《半死桐》“空床卧听南窗雨，谁复挑灯夜补衣”两句。李诗则言“无家与寄衣”，暗示以前有人寄衣，现在家室全无，除了思念亡妻之外，还寄寓了自己身世飘零之悲。两诗的结句有别。王诗“断肠方羡雉朝飞”，以双飞的雉鸡反衬自己的孤零，与贺铸《半死桐》“头白鸳鸯失伴飞”正面作比一样，乃借物托喻。李诗“回梦旧鸳机”，犹言梦见仍在织布的妻子，“犹作有家想也”(纪昀语)，略似苏轼《江城子》“夜来幽梦忽还乡，小轩窗，正梳妆。相顾无言，唯有泪千行”句意。王诗较直白，味略淡；李诗看似平常，味深永，曲折有致。

王士禛(1634—1711)，字子真，一字贻上，号阮亭，又号渔洋山人，山东新城人。顺治十五年(1658)进士。历扬州府推官、礼部主事、刑部尚书。后因事革职。诗宗唐人，倡导神韵。著作甚富，名重一时。有《带经堂全集》。

纳兰性德(1655—1685),初名成德,字容若,号楞伽山人。满洲正黄旗人,武英殿大学士明珠之长子。康熙十五年(1676)进士,选授三等侍卫,寻晋至一等。三十岁,病卒。有《通志堂集》、汇辑本《纳兰词》。

蝶恋花

(清)◎ 纳兰性德

辛苦最怜天上月,一昔如环,昔昔长如玦。若似月轮终皎洁,不辞冰雪为卿热。　无那尘缘容易绝,燕子依然,软踏帘钩说。唱罢秋坟愁未歇,春丛认取双栖蝶。

此亦悼亡之作。词人《沁园春》小序云:“丁巳(康熙十六年)重阳前三日,梦亡妇淡汝素服,执手哽咽,语多不能复记,但临别有云:‘衔恨愿为天上月,年年犹得向郎圆。’妇素未工诗,不知何以得此也?”

开篇即从“天上月”说起,“昔”通夕。圆月是团圆的象征。月亮每月只圆一次,到底是圆少而缺多,好比词人夫妻短暂的爱情生活。亡妻在梦中不是说愿为天上月,年年向郎圆吗?要是真能如此,词人就定能化作冬天里的一把火,“不辞冰雪为卿热”:哪怕是冰天雪地,也能燃烧成一团火焰。情痴之语,亦是妙语。

过片三句以呢喃燕语反形丧妻的孤独。“秋坟”指唐人李贺《秋来》诗,其结云:“秋坟鬼唱鲍家诗,恨血千年土中碧。”词情转为凄厉。古代传说中的爱情悲剧,常见的一种程式,是男女双方化蝶作结。结语“春丛认取双栖蝶”因而用之,较前文“燕子依然,软踏帘钩说”,又多了一重执著意味,表现了词人对爱情坚贞的信念。

秋 夕

（清）◎ 黄景仁

桂堂寂寂漏声迟，一种秋怀两地知。羡尔女牛逢隔岁，为谁风露立多时？心如莲子常含苦，愁似春蚕未断丝。判逐幽兰共颓化，此生无分了相思。

黄景仁（1749—1783），字汉镛，一字仲则，号鹿非子，江苏武进人。早孤家贫，曾游安徽学政朱筠幕。乾隆三十年（1765）秀才。清高宗南巡召试名列二等，以英武殿书签，例得主簿。后授县丞，未到任而卒。有《两当轩全集》。

黄景仁是清朝乾隆年间短命的天才诗人。他虽然生在“乾隆盛世”，但吟唱的却是“盛世悲音”。一方面，清朝到乾隆中后期，中国的封建社会的确在走下坡路，危机重重，社会的黑暗不断地暴露出来，曹雪芹的《红楼梦》就描画出封建王朝的没落命运。这种时代情绪不能不影响到诗人黄景仁。另一方面，也是主要的，是黄景仁身世遭遇不幸。他出身寒微，仕途失意，穷愁潦倒，又体弱多病。他很有才气，又孤傲多疑，有一肚皮的不合时宜，却无法改变这个现实。诉诸诗词，故多抑塞不平、悲凉感伤之气。现代作家郁达夫非常喜欢黄景仁的诗，还特意写了一篇小说《采石矶》来纪念他，这篇小说就描写了黄景仁的性格气质和种种行状，也可以想见他“哀多于乐，醒常如醉”的精神状态。

黄景仁也是一个深于情且被情所累的悲情诗人。大约在他十五岁那年，黄景仁与表妹相恋。“徘徊月下，分明认得，三五年时”（《丑奴儿慢·春日》），“三五年时三五月，可怜杯酒不曾消”（《绮怀》）即暗示此事。他们住在一个院落里，整日里耳鬓厮磨，相知相契，感情甚笃。《绮怀》十六首记录了大量的生活细节，他们在一起弹琴下棋，斗草数星星，“流黄看织回肠锦，飞白教临弱腕书”（《绮怀》），幽期密约，留下难忘的记忆。在黄景仁十七岁那年，出于求取功名的考虑，他离开了心爱的人到宜兴求学，但时刻忘不了心中的那份情，如《秋夜曲》云：“蟋蟀啼阶叶飘井，秋月还来照人影。锦衾罗帷愁夜长，翠带瘦断双鸳鸯。幽兰浥露露珠白，零落花香葬花骨。秋深夜冷谁相怜，知君此时眠未眠？”因为他们只是私心相恋，没有订立

婚约，表妹迫于父命远嫁他乡。旧情难忘，从此黄景仁陷入相思之中不能自拔。此后他写下大量的相思诗篇，包括《感旧》四首、《绮怀》十六首等。这一首《秋夕》则是写得比较早的一首。在秋天的夜晚，诗人独立风露之中，遥看牵牛织女，枨触无端，"一种秋怀两地知"，让人联想到姜夔的名句"谁教岁岁红莲夜，两处沉吟各自知"。他们的心境应该是一样的。这让我想到，黄景仁与姜夔一样，都是多情而又柔弱的男子，伤心的男子。也许你可以说他们缺少男子汉的气概，不争气，但他们婉转多情，殉情负气，常常能激起女性的爱怜之心。"无情未必真豪杰"，他们都是一往情深的人，黄景仁更甚，简直像个痴情的女子。"心如莲子常含苦，愁似春蚕未断丝"，相思之情绵延不绝，最后无奈地发出一声浩叹："此生无分了相思！"怎么办？天下情了犹未了，看来只好不了了之。

黄景仁善写情，尤其善写哀情，与他重情有关，当然也与明中晚期以来倡言人情的思想潮流有关。张琦说："人，情种也。人而无情，不至于人类，何望其至人乎？"袁宏道自称"有情之痴"。宋懋澄也说："人生，情耳。"汤显祖《牡丹亭题词》更是说："情不知所起，一往而深，生者可以死，死可以生。生而不可与死，死而不可复生者，皆非情之至也。"统治者虽有严酷的禁锢——譬如大兴文字狱，但思想解放的潮流却不可阻挡，带有叛逆主情色彩的伟大著作《红楼梦》即产生于乾隆年间，也即黄景仁生活的时代。黄景仁将不合时宜的恋情写成《秋夕》、《绮怀》等诗也显示出他的叛逆性。

自题小照呈外

（清）◎ 林韵徵

爱君笔底有烟霞，自拔金钗付酒家。修到人间才子妇，不辞清瘦似梅花。

林韵徵(？—？)，清代诗人张问陶妻。

林韵徵是清中叶诗人张问陶的妻子，二人都多才多艺，诗画酬唱曾传为佳话。林爱张，爱他的诗画，爱他的才气，因此，自拔金钗，换酒奉夫君，与元稹“泥他沽酒拔金钗”相比，一个主动，一个被动，大不一样。元稹写的是夫妻情，林韵徵写的可是爱情，夫妻间持久的爱情。

人间有很多爱情就是崇拜，是将对象的审美化和偶像化，通过想象或幻想将对方理想化。但你不能说它没有道理，爱情本身就是浪漫的事情，甚至是神秘的事情。人都是有局限性的，有毛病，有缺点的，太现实，将对方看得太透，生命难免僵硬、干枯，终少趣味。顾随谈及李商隐的《锦瑟》一诗时说：“诗人之将日常生活加上梦的美是诗人的天职。”(《顾随诗词讲记》)我们可以仿照着说：“情人之将爱的对象加上梦的美是情人的本能。” 张洁小说《爱，是不能忘记的》写一个女作家爱上一个老干部，但老干部是有妻室的，他们爱得刻骨铭心，但只能将爱压在心底。他们去世以后，女儿回忆母亲的爱情时说：“现在分析起来，他准是以他那强大的精神力量引动了母亲的心。那强大的精神力量来自他那成熟而坚定的政治头脑，他在动荡的革命时代里出生入死的经历，他活跃的思维，工作上的魄力，文学艺术上的素养……而且，说起来奇怪，他和母亲一样喜欢双簧管。对了，她准是崇拜他。她说过，要是她不崇拜那个人，那爱情准连一天也维持不了。”可见，她崇拜他，把他当作心灵的偶像，他们的爱情建立在崇拜的基础之上。他们没有能够结合，但保留了这种美好的形象至死，也未必不是一件好事。鲁迅先生在小说《伤逝》中表示，爱情需要时时更新，生长，创造。审美化和偶像化就包含着更新，生长，创造。不然，爱情就会停滞，而停滞就意味着倒退。

瓦西列夫在《情爱论》中说："爱情总是男女关系的热烈而激动人心的审美化。它的奔腾激昂，它追求幸福的轻盈步伐，就是血液的流动节奏；它的语言就是高尚的诗篇，是美妙的音乐；而爱情的目光就是明媚的光辉。"假如对象没有值得欣赏、赞美的地方，叫人如何爱得起来？林韵徵爱才子张问陶，而"不辞清瘦似梅花"，才子张问陶有福了，有情有义的林韵徵同样有福了，他们琴瑟和谐，是人世间的神仙伴侣。诗的前两句做具体的细节描写，后两句作抽象总结，其中仍然含有高洁美好的形象。情美，诗美，"霞"、"家"、"花"听起来也美。